AF392939

Javier Sáenz Guerra

SÁENZ DE OÍZA Y TORRES BLANCAS
Una torre en plural

Sáenz Guerra, Javier

Sáenz de Oíza y Torres Blancas : una torre en plural / Javier Sáenz Guerra. - 1a ed ilustrada. - Ciudad Autónoma de Buenos Aires : Diseño, 2016.
138 p. ; 21 x 15 cm. - (Textos de arquitectura y diseño)

ISBN 978-987-4000-09-5

1. Arquitectura. 2. Enseñanza. 3. Historia de la Arquitectura. I. Título.
CDD 720

Textos de Arquitectura y Diseño

Director de la Colección:
Marcelo Camerlo, Arquitecto

Diseño de Tapa:
Liliana Foguelman

Diseño gráfico:
Karina Di Pace

Javier Sáenz Guerra

SÁENZ DE OÍZA Y TORRES BLANCAS
Una torre en plural

SÁENZ DE OÍZA
Y TORRES BLANCAS
Una torre en plural

Fotografía realizada por Nuno Portas.

ÍNDICE

INTRODUCCIÓN

Estado actual desde la
Avenida de América.

Este libro está dedicado en particular a los arquitectos jóvenes que descubren con admiración el edificio Torres Blancas. En las fechas de su construcción a mediados de los años sesenta del siglo pasado supuso un elemento de debate en la sociedad madrileña con amplia repercusión internacional. Numerosas publicaciones de la época recogieron la documentación y el impacto mediático que tuvo.

Hace pocos años se ha procedido a otra revisión de las raíces arquitectónicas que desde lo local asumieron el Movimiento Moderno Internacional, el Estilo Internacional. Esta periódica mirada atrás vuelve a poner de actualidad algunos edificios de los arquitectos denominados de la "tercera generación", de los que Torres Blancas es un ejemplo paradigmático.

La multiplicidad de puntos de vista que genera el edificio Torres Blancas es amplísima. Presentamos hoy aquí una primera aproximación a una pequeña parte de ellos. Desde luego el hervidero de ideas y de cambio de pensamiento que supusieron las vanguardias artísticas resultó extraordinario. Las circunstancias de una España aislada tras la guerra civil y las consecuencias de su papel en la segunda guerra mundial produjeron una lenta incorporación a las corrientes culturales internacionales. La bibliografía sobre este amplio lapso de tiempo que transcurre en la incorporación de los jóvenes arquitectos españoles al Movimiento Moderno es muy amplia. En el caso de Sáenz de Oíza la obtención de la Beca a Estados Unidos en 1947-1948 fue fundamental y en cierto modo supuso una apertura nortemericana a su visión centroeuropea. Por eso podemos entender la encrucijada personal en la que se encuentra el joven Oíza en la época de construcción de la torre. Y debemos entender su posicionamiento sopesando la información que ya a principios de los años sesenta llegaba como un potente raudal a las librerías españolas. Oíza, tras su viaje americano trae consigo las diferentes revistas americanas de interés, a las que continuará suscrito durante años. A la vez maneja la amplia información que de revistas italianas y alemanas, particularmente las primeras, iba siendo posible adquirir por la cierta afinidad ideológica del regimen español. Torres Blancas no se puede entender si no es como un compendio en si mismo del espíritu de la década de los sesenta, tanto a nivel sociocultural como exclusivamente bajo el sesgo arquitectónico. Incluye dentro de sí a los americanos Wright y Mies, pero también a Paul

Rudolph y Craig Ellwood, como también a los europeos Le Corbusier, Carlos Scarpa y Jorn Utzon. Une el debate de la torre Velasca y su implicación en el espíritu de los CIAM, junto a la propuesta de Gio Ponti en la Torre Pirelli.[1] Maestros mayores y maestros menores son escuchados por un atento Oíza, que revisa todos los aspectos bajo su prisma de inagotable curiosidad intelectual unido a una voluntad de acción por su parte. Porque Oíza era más un hombre de acción que de reflexión. Sorprende por ello el esfuerzo personal, guiado por esa curiosidad, que le lleva a hacer un barrido total del espíritu de su época.

Incorporamos algunas fotografías de los interiores del edificio que ayuden a su comprensión. De alguna manera es contradictorio que la idea de "ciudad-vertical", utopía que subyace como vector iniciático de Torres Blancas, haya derivado en un edificio difícil de visitar dadas las dificultades que hoy día plantea la comunidad de vecinos.

A lo largo del texto hago algunas referencias a una obra no construida de Sáenz de Oíza. Se trata del trabajo de estudio sobre el proyecto de la Capilla en el Camino de Santiago, realizado en colaboración con Jorge Oteiza y José Luis Romaní Aranda, que estudié con detenimiento.[2] La Fundación Museo Jorge Oteiza ha publicado esta reflexión que ha servido para abrir algunos puntos de vista del modo de proyectar en Sáenz de Oíza, así como alguna importante relación con Torres Blancas. En cierto modo parte del trabajo que se presenta aquí tiene su origen en esa publicación. En ella, pareciendo que corresponde a un análisis detenido sobre este proyecto no construido, por encima del objeto concreto de estudio, una idea soñada de Capilla, queda patente un método complejo y personal del entendimiento de la manera de proyectar en Sáenz de Oíza, en este caso, desde mi punto de vista. Arrancaba esa reflexión en la propuesta del arquitecto Mariano Bayón de organizar una investigación denominada

[1] Hice un brevísimo comentario sobre ello en el libro *Criterios de Intervención en el Patrimonio Arquitectónico del Siglo XX. Conferencia Internacional CAH20thC. Documento de Madrid 2011*. Ministerio de Cultura. 2011, pgs 41 y 42.

[2] Tesis doctoral leida en Marzo 2005 en ETSAM (Madrid), bajo la dirección de Juan Navarro Baldeweg.

por él "Arquitecturas ausentes del siglo XX". Coincide dicha tesis con la publicación realizada en la Fundación Museo Jorge Oteiza.[3]

Con objeto de ayudar a entender someramente el marco en que se gesta el proyecto de Torres Blancas, selecciono dentro de la biografía del autor únicamente dos obras realizadas en Madrid y en Mallorca. Corresponden al barrio de Batán y a la Ciudad Blanca de Alcudia. No obstante hay que entenderlo dentro de una secuencia sincrónica dentro del trabajo de Sáenz de Oíza.

En el presente texto se entremezclan visiones personales con datos objetivos. He vivido en Torres Blancas durante muchos años en el piso dúplex familiar desde los primeros días de la torre y cerca de diez años en un apartamento más pequeño, de unos ochenta metros cuadrados hasta hace poco tiempo. También realizo visitas esporádicas con compañeros y amigos. No existe una edición de bolsillo que ayude a una comprensión del edificio. Con la intención de subsanar esta ausencia, en previsión del ejemplar de gran formato, aparece esta publicación, más económica y manejable que proporcione también unas fotos del interior que con tanta dificultad se consigue ver.

[3] Un mito moderno. Una Capilla en el Camino de Santiago. Sáenz de Oíza, Oteiza y Romaní, 1954. Javier Sáenz Guerra. Fundación Museo Oteiza. 2007. Con el agradecimiento que debo a Juan Pablo Huércanos y Pedro Manterola por su entusiasmo y apoyo.

BREVE APUNTE BIOGRÁFICO

Intento de alzar el vuelo. Rouzat, septiembre de 1910. J. Henri Lartigue.

Basílica de Aránzazu (1949-1955), en Oñate, Guipúzcoa. Con L. Laorga.

"El explorador terrestre generalmente es un solitario. A veces tiene dos o tres compañeros de su pais. Muy frecuentemente, se separa de ellos por el camino; la adaptación es necesaria hasta tal punto que prefiere partir solo con una escolta indígena. No posee casi nada: mapas, notas, una carabina y aún...lo poco que poseía al partir va desapareciendo a cada etapa. Su comportamiento se modifica a medida que se va despojando; con frecuencia realiza la primera parte del viaje con un gran bagaje, confortablemente, pero con riesgo de las mayores dificultades, pues se mueve como un cuerpo extraño en el medio indígena. Luego sufre algún grave contratiempo y se queda casi desnudo. Entonces es cuando atraviesa su continente: se ha disuelto en él. Pero, lo más frecuente, tiene que pagar muy cara su victoria. Termina agotado".

André Leroi-Gourhan.[4]

Sáenz de Oíza disfrutaba de la Arquitectura como los grandes exploradores terrestres. A su manera exploraba libros y subrayaba paisajes, e incorporaba textos e imágenes a su propio mundo, haciéndolos suyos, transformándolos. Poseía un carácter solitario y en gran medida individualista; ello le llevó a pagar caros peajes en su vida profesional y personal aun siendo el balance tremendamente positivo y satisfactorio. Pasó de su pequeño pueblo navarro en Cáseda a realizar un viaje a Estados Unidos en 1948 tras haber finalizado la segunda guerra mundial. Siguiendo los consejos de sus profesores y en particular de don Modesto López Otero se dedicó un año entero a viajar y descubrir el pais personalmente, en solitario. El abismo tecnológico que separaba Estados Unidos de España en esos momentos le fascinó. En Norteamérica además de los maestros propios habían llegado, a consecuencia de la segunda guerra mundial, los maestros europeos: Mies van der Rohe, Marcel Breuer, Konrad Wachsmann y un larguísimo etcétera. Del mismo modo viajaban allí siguiendo esta estela y el magisterio de Wright muchos de los jóvenes estudiantes europeos.

[4] Los descubridores célebres. GG. Barcelona 1964. pg 17.

Basílica de Aránzazu
(1949-1955), en Oñate,
Guipúzcoa. Con L. Laorga.

Detalle fachada Basílica
de Aránzazu (1949-1955).
Con L. Laorga.

Viviendas calle Fernando
el Católico, Madrid (1949).

LAS EXPERIENCIAS PREVIAS

Desde los comienzos de su vida profesional, joven, participa en los concursos de ideas convocados como medio de obtención de encargos. Seguramente los tempranos éxitos conseguidos y su carácter tremendamente competitivo le harán seguir esta línea toda su vida. Utilizaba los concursos como campo de experimentación e investigación trabajando exhaustivamente y con propuestas de grandes riesgos. Su primer premio, no construído, sería una propuesta junto al Acueducto de Segovia, con Luis Laorga. Seguidamente a éste gana también con su compañero Laorga, los concursos de dos iglesias, una en Aránzazu (País Vasco) y otra en Madrid, la Basílica de la Merced. De los dibujos de esta primera etapa podemos ver que Oíza tarda en aplicar en España sus primeras inquietudes aprendidas en Estados Unidos. De tal manera que es en el proceso constructivo de la basílica de Aránzazu, donde se encuentra preparado para dar un gran golpe de timón a la obra. Golpe que se llevará por delante, con pesar, la amistad con Laorga y muchos problemas económicos.

A continuación realiza unas viviendas en Madrid, de promoción privada, en la calle Fernando el Católico, a partir de los cuales comienza una trayectoria conocida en el campo de las viviendas sociales. Sin embargo, algo de la textura de los picos de Aránzazu se evidencia aquí, y posiblemente en el portal colaborase con Carlos Pascual de Lara, como en la basílica. Aparece aquí con claridad ya el joven arquitecto alistado a la punta de las vanguardias europeas con algunos compañeros de viaje de las distintas generaciones que se van superponiendo: Alejandro de la Sota, Julio Cano Lasso, Miguel Fisac, Fernández del Amo, Rafael de la Hoz, García de Paredes, Molezún y Corrales, Luis Cubillo, José Luis Romani, Eduardo Mangada, Manolo Sierra,Vázquez de Castro, Javier Carvajal...Las revistas fundamentales de la época de las que se nutrían los jóvenes de nuestro país eran fundamentalmente alemanas e italianas. Así pues los modelos de la vanguardia italiana con los Terragni, Figini, Alberto Sartoris, Gardella... prevalecerán, apoyados por la gran fuerza editorial de Milán, ligeramente sobre la información alemana y oscureciendo las demás. Aparecía con gran auge la revista francesa "L'Architecture d'aujourd'hui" y Oíza manejaba la información de las revistas americanas que había visto en su viaje a Estados Unidos.

Sáenz de Oíza en el portal de las viviendas de Fernando el Católico (1949). De prensa en octubre 1988.

Escalera del portal viviendas Fernando el Católico (1949).

Vista parcial hacia la bahía y
playa de Alcudia (Mallorca).
Estado actual.

CIUDAD BLANCA DE ALCUDIA

Dejemos pues presentado así con velocidad al joven arquitecto a punto de comenzar una larga y fecunda relación con el promotor privado al que le uniría una profunda amistad, Juan Huarte Beaumont.

En las fechas de 1961 la playa de Alcudia en Mallorca era una playa fabulosa, de arena blanca y muy solitaria. El mar, muy azul, se extendía en forma de una amplia bahía, la bahía de Alcudia. Al bañarse, el agua cubría por los tobillos durante una larga distancia y sobre un fondo de arena suave. La bahía queda definida en sus extremos por el cabo Farrutx y el cabo Pinar, zona militar. Estropeaba el carácter idílico de la imagen la existencia de bastantes mosquitos en las numerosas albuferas que dentro del territorio separaban Alcudia de Puerto Alcudia. Prácticamente no había hoteles y algunas sencillas y modestas viviendas unifamiliares daban frente a la playa. Alcudia tenía unas pequeñas ruinas romanas que han ido creciendo en paralelo al turismo. Se abastecía de

Modelo de época con la
actuación de conjunto.1961.

pescado gracias a su muelle, "es moll", que es el pequeño puerto de
Alcudia, a apenas kilómetro y medio de distancia, en espacios de gran
horizontalidad. Huarte había adquirido una importante franja de terreno
en primera línea de costa, a unos dos kiómetros de distancia del puerto,
en esta playa de unos veinte kilómetros de largo hasta Cán Picafort.

El bloque es relativamente fácil de encontrar y se aprecia desde la
carretera que discurre paralela al mar. Ha sufrido un gran deterioro el
edificio del hotel, pero el conjunto de apartamentos en sus ideas volu-
métricas se conserva aceptablemente bien. El entorno ha sufrido el
característico castigo del litoral español, tornándose irreconocible a la
descripción inicialmente descrita.

En la Ciudad Blanca de Alcudia Sáenz de Oíza partirá del tipo de
vivienda mínima que ya había construido en diversas soluciones en
Madrid en la década anterior. Ahora se trataba de encontrar o posibi-
litar una situación más lúdica y de mayor calidad espacial. El planteamiento económico no era tan exigente como en el caso de las viviendas sociales. Pero hay un fuerte carácter racionalista en las trazas que
sustentan la intervención. Oíza empezará aquí a desarrollar algunas
ideas comunes a Torres Blancas a las que dará un sesgo diferenciador
en cada una de las obras. Así las viviendas de Alcudia se plantean en
forma de planta baja y tres plantas más escalonándose unas sobre
otras. Sobre la planta baja se construye una gran galería. A partir de
aquí una escalera de caracol conecta los otros pisos. Quedan fijados

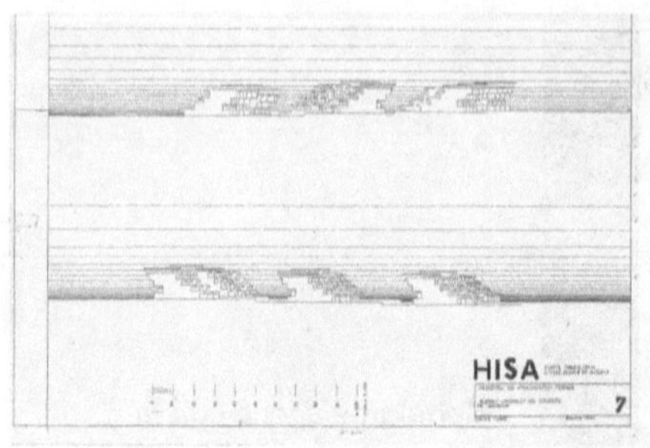

Alzados iniciales del conjunto, primera solución (1961). 100 apartamentos-terraza.

Fotografía de la época, por Sáenz de Oíza y presentada en el ejemplar de su oposición a Cátedra.

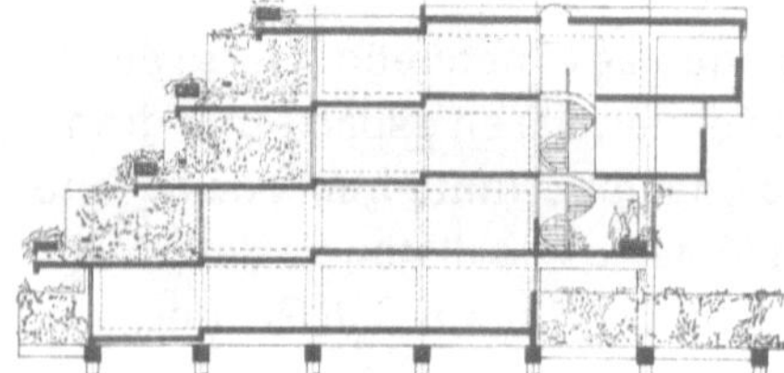

Sección de apartamentos de Ciudad Blanca (1961-1963). Se aprecia el peldaño enfocando los apartamentos hacia una mirada baja.

así, elementos del cuadro abstracto para seguir dibujando en Torres Blancas: la sección triple, zonas comunes de galería, espesor de terraza con elementos escultóricos de borde, y la circulación pública ortogonal a los brazos de la vivienda empezando a conformar una "escuadra" o elemento en "L". También el gran pasamanos escultórico a lo Le Corbusier recordará lejanamente a la pieza de cierre de la Torre.

Anteriormente Jose Antonio Coderch había realizado una propuesta en Villa Valentina, que es citada con frecuencia para hablar de esta obra de Oíza (a mi parecer no eran en este caso los que más podían interesar a Oíza). Es de reseñar cómo Coderch, tras ese proyecto mediterráneo construye en Madrid el edificio Girasol, como una preciosa casa de paseo marítimo en Madrid. Y Oíza, tras esas viviendas conceptuales mediterráneas construye en Madrid una "ciudad-jardín". Parece bastante posible que ambos disfrutaran mirando entre otros a

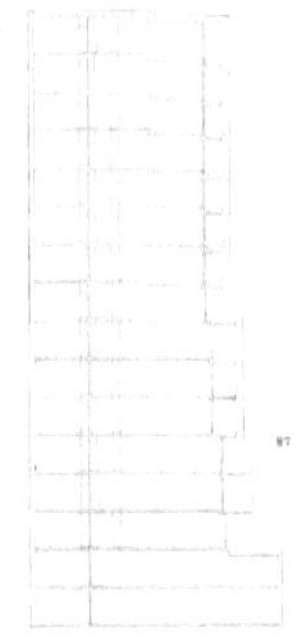

Elineberg, 1954.
Jorn Utzon.

Plantas Edificio Girasol (1966) en
Madrid. José Antonio Coderch.

Estado actual.
Edificio Girasol en
calle Lagasca, Madrid.

Jorn Utzon. Un elemento claro que interesó a ambos de las propuestas
del maestro danés fue la rotura de la continuidad de los forjados de la
vivienda con un peldaño. Esto lo realiza José Antonio Coderch en el
edificio de Madrid, y Sáenz de Oíza en Ciudad Blanca. La defensa de
este caro peldaño la basa Oíza en profundizar la vista hacia el espacio
del suelo, frente a la mirada horizontal, como sucede en los pueblos
costeros mediterráneos asomados al mar. Desde luego estará presente en esta obra el mundo de Le Corbusier, pero también investigaciones de Marcel Breuer. Y vemos cómo Sáenz de Oíza empieza a dibujar
unas carpinterías en esquina que nos van a aproximar al maestro americano Frank Lloyd Wright, puede que sea bien a través de Schlinder.
Habitualmente comento que todos los ayudantes de Wright se llaman
Schlinder. Aunque también Simon&Garfunkel cantan a Wright ("So
long, Frank Lloyd Wright") cuando los arquitectos siguen a Wright
suelen llegar al nivel de Schlinder sin sobrepasarlo. Las carpinterías
de madera que culminarán en Torres Blancas recuerdan mucho la
pasión inicial por la madera de los años cincuenta.

Hace escasos años Alvaro Siza tuvo que rehabilitar el proyecto de la
Casa de Te de Boa Nova. Era un edificio de su primera época, en sus
inicios, muy influído por la obra de Alvar Aalto y como un gran mueble de preciosa madera, un instrumento musical que toca las rocas y

Viviendas en Argel (1933-34) para M. Durand.
Le Corbusier.

Hospital Eberfeld,
Alemania. 1928.
Marcel Breuer.

el sonido de las olas. Cuenta Siza que estuvo tentado, aprovechando la ocasión, de intervenir con un lenguaje más propio, más personal, adquirido ya en el transcurrir del oficio. Pero finalmente decidió ser más fiel al edificio proyectado y al espíritu de la época.

Oíza había explorado los aspectos de construcción con amplio uso de la madera en la sala de muebles para Huarte en la Avenida del Generalísimo número 8 de Madrid. El ejemplo más emblemático pudiera ser la mesa de reuniones de esta intervención. También la casa en Durana y la de Talavera hacían de este material un uso de costra protectora, como había sucedido en Aránzazu. En Alcudia era más la idea de Marcel Breuer, Bauhaus duro diseñando mobiliario, entre la cocina y el comedor de estos apartamentos y apoyándose en HMuebles, la empresa del

Balaustrada en la Ciudad Blanca
(1961-1963), en la escalera a la
galería-corredor.

Piezas de cerramiento del jardín
defensivo de Torres Blancas (1961-1968).

grupo Huarte. Las paredes blancas del Le Corbusier de Argel y de los
pueblos mediterráneos envolvían el mundo conceptual de la escuela
alemana. Pero ahora el juego de piezas y su desplazamiento aparecerán
en una cascada orientada. De alguna forma estará el proyecto cerca de
la propuesta del año 1928 del hospital Elberfeld de Marcel Breuer, proyecto que a su vez continua líneas de investigaciones de Le Corbusier.

En las terrazas de la Ciudad Blanca, Oíza plantea la protección visual y
acústica sobre el vecino interior por medio de una escultórica jardine-
ra. Su espesor impide al vecino asomarse a la planta inferior obligando
a unas vistas lejanas. Esta idea se retoma para el diseño de las terrazas en Torres Blancas. En las de los apartamentos de Madrid se crea
un espesor por medio del diseño de unas piezas metálicas que inclu-
yan las jardineras. En la terraza de la piscina unos amplios elementos
metálicos impiden la sensación de vértigo en la coronación de la torre
permitiendo la contemplación más lejana de Madrid.

Galería-corredor de primera planta.
Ciudad Blanca de Alcudia (1961-1963).

Interior de apartamento de
Ciudad Blanca (1961-1963).
Con mobiliario Hmuebles y Oíza.

En cualquier caso tendremos que convenir que el promotor, Juan Huarte, fue un promotor generoso que había permitido a Sáenz de Oíza, arriesgando en ello el dinero familiar, trabajar en una propuesta valiente en la Mallorca de los primeros años sesenta.

Actual, desde el jardín interior. Ciudad Blanca (1961-1963) en Alcudia.

Jardín exterior. Actual. Ciudad Blanca (1961-1963) en Alcudia.

EL ENCARGO
DE TORRES BLANCAS

Maqueta de madera. Estudio dos torres.

Sáenz de Oíza había encontrado en la familia Huarte, y en particular en Juan Huarte, el apoyo necesario desde la iniciativa privada para realizar propuestas de investigación. El grupo constructor Huarte S.A., era uno de los fundamentales de la España de los años cincuenta y durante la década de los sesenta figuraba en las principales infraestructuras y concursos de edificación. Su actividad se fue diversificando en empresas de estructuras metálicas, de mobiliario, de publicaciones, bodegas, etc... Finalmente en su expansión en Sudamérica, los problemas planteados en una gran infraestructura arrastraron a la empresa matriz española y a lo largo de los años acabó disolviendose lentamente en sucesivas adquisiciones por parte de otros grupos constructores.

Juan Huarte había conseguido aglutinar a su alrededor a jovenes desconocidos en gran parte, fundamentalmente vasconavarros, en el campo de la pintura, escultura, arquitectura y música, y que a lo largo del tiempo se convertirán en personajes claves del mundo artístico español e internacional: Oteiza, Chillida, Ruiz Balerdi, Sistiaga, Oíza, Fullaondo, Carmelo Bernaola, Fernández Casado como ingeniero posteriormente emancipado de la empresa con Javier Manterola... Así el papel de mecenazgo ejercido por el grupo Huarte fue fundamental en la cultura española de los sesenta.

Recordemos ahora la manera de pensar de Oíza sobre el promotor del proyecto y el afecto que refleja en los comentarios siguientes:

"Un ilustre personaje mecenas de muchos artistas. El proceso de Torres Blancas fue muy bonito. Huarte me dijo que quería un proyecto ideal de edificio, porque había fundado en la empresa una división inmobiliaria y tenía interés en proyectar una especie de mecenazgo sobre la arquitectura. Primero me ofreció la Ciudad Blanca de Alcudia y luego Torres Blancas, que por eso se llaman blancas. La gente dice: 'Ni son torres ni blancas'. Huarte tenía la idea de que la blancura era un símbolo de buena intención, quería significar con eso que se dedicaba a la arquitectura no como negocio, sino fomentando la creación. Y, efectivamente, me encargó la Ciudad Blanca, que está allí, en Mallorca, y no está mal del todo, y luego Torres Blancas, que fue un proyecto ideal encargado sin solar. '¿Cómo harías tú una torre bien estructurada? –me dijo–. Porque los arquitectos entendéis que una torre es poner un piso encima del otro, y yo entiendo que una torre

es una estructura'. Fue un debate muy bonito entre el propietario y el arquitecto hasta terminar haciendo ese objeto que en un momento dado de su desarrollo el propio encargante me dijo que quería que fuera un edificio singular de hormigón, y yo creo que es edificio y es singular y es de hormigón. Lo planteé como una especie de revulsivo en un momento en que la ciudad se llenaba de ventanas cuadradas."[5]

Hay en estas frases de Sáenz de Oíza que incluir siempre los coeficientes de mayoración de cargas y minoración de resistencia de las habituales en Arquitectura. Así aparentemente es el promotor quien le pide un edificio singular de hormigón, circunstancia que conociendo a ambos, podría entenderse más dentro de una pugna intelectual entre navarros. No está demostrado que el encargo de Torres Blancas se iniciase sin solar como afirma Oiza en este momento, aunque es cierto que a lo largo de los años había comentado que quizá era una Torre para estar en un barrio más consolidado.

Previamente había realizado Sáenz de Oíza la tienda de reuniones y exposiciones de la división de muebles del grupo Huarte, en el Paseo del Generalisimo como habíamos comentado.

El procedimiento de trabajo de Oíza era agotador. Trabajaba con una intensidad tremenda, alcanzando un grado de concentración extraordinario; dentro de ese mundo en el que andaba inmerso dibujaba y hacía maquetas simultáneamente a velocidad de vértigo. Proceso realizado en jornadas de duración inmensa sin cansancio. Y en cada instante estaba encontrando una evolución de la anterior. Desde luego se comprende que Juan Huarte le acabase quitando los planos de las manos diciendo con desesperación: "Este proyecto lo vamos a llevar a visar ya, así". La relación entre ambos fue siempre de gran sintonía y finalmente en la última época de la construcción de Torres Blancas, Juan Huarte le encargará su propia casa en Formentor. El promotor navarro vivía en Madrid, en una torre construida por su padre, fundador de la empresa familiar a la que da nombre y persona muy apreciada en Navarra y Madrid.[6] Esta casa de verano encierra también un paso

---

[5] Diario 16. Número 340. Marzo 1988. Entrevista. Pgs 18-19.

[6] A la muerte de don Félix Huarte, fundador de la empresa, Sáenz de Oíza escribe a modo de necrológica el "Elogio de un constructor".

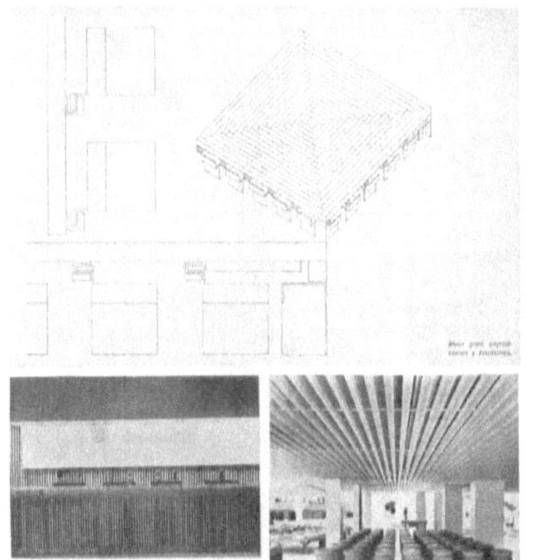

Mesa de reuniones reproducida hoy en la
Fundación Oteiza en Alzuza (Navarra).

Tienda sala de exposiciones Hisa, 1963,
(Huarte inmobiliaria) en Avda. Generalísimo 8.
Desaparecida. Estudio de mesa de reuniones.

siguiente a Torres Blancas, con elementos y materiales en común,
pero radicalizando el nivel lírico de la propuesta en relación a la mag-
nífica naturaleza entre pinos en la que se encuentra.

Al finalizar las obras de Torres Blancas varios miembros de la amplia
familia Huarte se quedaron durante muchos años con pisos en la casa
porque les interesaba y apreciaban el edificio. En la parte inferior de la
torre, en el acceso estuvieron las oficinas de la Editorial Alfaguara, del
Grupo Huarte, durante muchos años. Del mismo modo Sáenz de Oíza
adquirió un piso dúplex en la que vivimos durante más de quince años.

El nombre de Torres Blancas parece más apropiado que Torre Blanca.
No sólo es la costumbre que tenemos los ciudadanos de Madrid, que
siempre lo hemos llamado así. Encierra también la idea de un edificio
complejo cuya lectura no se puede hacer desde el elemento unidad.
Es una torre difícil y es posible que en su origen estuviese asociado
a que iba a ser más de una Torre. Hay croquis iniciales de Oíza con
tres Torres. Aunque en el transcurso de los años se han desarrollado
inverosímiles historias sobre el adjetivo de blancas, en origen era un

Casa Huarte en Formentor (1968). Mallorca.

Interior tienda Hmuebles(1963), con detalle de mesa principal.

nombre no referido a ningún tipo de acabado. Se ha comentado que iban a ser revestidas de mármol blanco, o bien construidas con cemento blanco (Fernando Higueras así lo realizó en sus preciosas viviendas de la calle San Bernardo en Madrid) e incluso en los últimos años un presidente de la Comunidad de Vecinos hizo una prueba de pintar unos fragmentos de blanco.

Correspondía esta cita a lo blanco a un momento histórico y casi más un homenaje al "purismo" de Le Corbusier, enlazando con el espíritu de sus escritos reflejado en "Cuando las catedrales eran blancas – París, 1936".

LA LICENCIA

Durante el proceso de obtención de la licencia de obras para la construcción de la Torre se encontraron muchas dificultades. La decisión final dependía en aquellos momentos del arquitecto y urbanista, catedrático de la Escuela de Arquitectura de Madrid, Emilio Larrodera. Sáenz de Oíza había sido compañero suyo en el campamento de las milicias universitarias en el cuartel de La Granja de San Ildefonso (Segovia). No tenían una gran amistad, pero si aprecio mutuo, aun

Perspectiva para obtención de licencia.

cuando las posiciones arquitectónicas de ambos eran muy distintas. Sáenz de Oíza comentaba que no fue hasta la presentación de la perspectiva a color cuando cesaron las dificultades. En aquellas fechas un grupo de perspectivistas argentinos, arquitectos, trabajaban con éxito en España. Venía a ser como trabajar con un especialista actual en modelos tridimensionales de los múltiples programas compatibles. Oíza comentaba con gracia como se salvó el problema gracias al "perspectivista argentino".

A continuación veamos la memoria que realiza para su visado en el Colegio de Arquitectos de Madrid, Sáenz de Oíza. Intento presentarla tal y como fue escrita, con una parte del texto en vertical como en el original. Oíza usaba para escribir en los planos una máquina Olivetti de carro de gran formato, en donde cabía el DIN A1, que era usual en los estudios de la época. A su vez manejaba varias máquinas de escribir pequeñas a las que profesaba admiración y tenía varios modelos. La invención de los ordenadores introdujo el silencio en las oficinas que soportaban el ruido tipo metralleta de las diferentes máquinas de escribir funcionando simultáneamente.También se modificó el olor de

los estudios de arquitectura al desaparecer las máquinas de amoniaco
con las que se realizaban las copias de planos, de las que Oíza disponía
de una que usaba poco. Cuando Oíza tecleaba en la máquina apretaba
con tanta fuerza las teclas que centelleaban en todo el estudio.

LA MEMORIA

MEMORIA
Torres Blancas
Madrid, Febrero 1964

Proyecto de núcleo residencial urbano

El proyecto "Torres Blancas" se propone la creación de una singular
unidad residencial, integrada en principio por 84 alojamientos que
corresponden desde la vivienda familiar completa con cinco o seis dormitorios, al apartamento mínimo de una o dos piezas.

Se va a erigir dentro de una manzana del ensanche de Madrid, sobre la
importantísima vía que enlaza la ciudad con el aeropuerto de Barajas.

No es meramente un grupo de viviendas, sino un complejo residencial,
pues al lado del programa propio de viviendas se desarrolla una serie de
ambientes que van desde los locales de tiendas de primer aprovisiona-
miento, restaurante, cafetería y piscinas, hasta guardería infantil y pequeña capilla. Cuenta, asimismo, aparcamientos privados suficientes para la
totalidad de los alojamientos (una plaza por vivienda o apartamento).

El conjunto se desarrolla en forma de una torre de 70 mts. de altura aproximadamente, con un total de 23 plantas sobre el nivel de la calle, y otras
dos de servicios. Las dos últimas plantas arquitectónicamente tratadas
de forma muy peculiar, son las de mayor importancia y extensión, las de
mejores perspectivas y sobre las que —en desarrollo combinado de espacios cubiertos y espacios jardín— se proyecta el núcleo social del conjunto.

Todas las viviendas enlazan interiormente, mediante montaplatos ade-
cuados, con los servicios de cafetería y restaurante de este núcleo-social.

El terreno en venta se destina para espacios ajardinados, salvo la zona
ocupada por la propia torre y la reserva para el edificio de una planta
de guardería infantil y capilla.

Emplazamiento

El emplazamiento se designa como manzana n.15 del Sector de Ensanche de la Prosperidad, con fachada sobre la autopista de Barajas y
tiene 7.565,75 m^2 de los que 7.199 (94%) pertenecen a Huarte Inmobiliaria S.A. La torre objeto de este proyecto afecta a una parcela de terreno de unos 3.000 m^2.

Ocupación del suelo

En principio, la edificación en planta baja ocupa 700 m^2. El resto, lo
constituye, aparte de la guardería y pequeña capilla, zonas ajardinadas
y parque. Estas cifras, por sí solo elocuentes, expresan mejor que nada
el empeño en edificación en torre que se proyecta.

Para un futuro se proyecta en el resto de los terrenos la construcción
de un edificio bajo para oficinas y locales comerciales.

Accesos y comunicaciones

La manzana ocupa uno de los lugares de más intenso crecimiento
residencial de la capital, junto con un desarrollo importante de núcleo
de oficinas de primer orden. Puede decirse, que después de la Castellana, la vía Autopista de Barajas, es una de las más principales en el
crecimiento de la ciudad. Por consecuencia, accesos directos desde
todas las partes, y comunicaciones posibles para cualquier punto.

En cuanto al acceso, por tratarse de un solar con cuatro fachadas,
no hay problemas. A nivel del terreno son de esperar cien plazas de
estacionamiento público. En planta semienterrada, para uso exclusivo
de los residentes, ochenta y cinco estacionamientos cubiertos. Dos
rampas, situadas en forma opuesta en el solar, dan acceso al nivel de
entrada desde las calles.

Estacionamientos

Todo el nivel de semisótano de la manzana se emplea para estacionamientos privados (85 plazas). Se ha huido de la solución tipo garage,
proyectándose los estacionamientos como anillos circundantes a
la torre, como vestíbulo o antesala de ellos, en forma de ambientes
cubiertos sí, pero abiertos a la luz natural y a la penetración de las
masas verdes. La solución garage típica, como lugar cotidiano de
estacionamientos ciertamente no funciona en forma ideal.

Organización vertical de las torres

De las 23 plantas de las torres sobre el nivel del terreno, 21 se dedican al desarrollo de las viviendas y las dos últimas al pequeño núcleo social.

De estas 21 alturas, 18 se reservan a los tipos de vivienda normal y dúplex combinadas, y tres —las tres últimas por su mayor proximidad al restaurante— a apartamentos.

Cada tres plantas normales constituyen una unidad de desarrollo vertical, con un nivel intermedio de montacargas y dos niveles extremos de ascensores. De esta forma, aparte de los apartamentos (que por su reducido programa, no lo requieren) toda vivienda tiene dos accesos o penetraciones independientes y a distinto nivel; entrada principal, desde los ascensores; e ingresos de servicio, desde los montacargas. Pequeñas escaleras convenientemente situadas en la cocina, realizan el enlace entre la vivienda y el nivel de servicio.

AGRUPACION DE VIVIENDAS

Idea del desarrollo en planta

La planta de la torre se forma por un núcleo central de comunicación-especie de

calle interior-donde se sitúan ascensores, montacargas, escaleras de escape y de comunicación planta a planta, montaplantas individuales, bajadas de servicios (conducciones, basuras, etc.) en torno al que se agrupan cuatro unidades o viviendas tipo de 198 m² de superficie.

Crecimiento y subdivisión de la vivienda tipo

Cada una de estas unidades o viviendas tipo que integran cada nivel de la torre, han sido proyectadas para ser agrupadas, a su vez, dos a dos (agrupación vertical) para obtener viviendas en dos niveles o viviendas dúplex (365 m² totales) o divididas también en dos (división horizontal) para llegar a apartamentos mínimos (88 y 120 m² totales). De esta forma, en teoría, las torres pueden suponer, por plantas:

Cada nivel teórico 2 viviendas dúplex de 365 m²

- 4 viviendas normales de 198 m²

- 8 apartamentos de 88 y 120 m²

Idea del desarrollo en vertical

Como se ha apuntado en la sección vertical de la torre, se plantea un ensayo singular con alteraciones parciales de los niveles de ascensores y montacargas, que no lo necesitan, cada casa tiene dos accesos, distintos: la entrada principal y la entrada de servicio. La comunicación con el nivel de servicios se realiza a través de una pequeña escalera emplazada en cada una de las cocinas.

Esta idea, nueva, de organización vertical, facilita extraordinariamente la organización de cada casa y particularmente la eficiencia del

grupo de comunicaciones-calle interior y vertical-que es así único
para la torre, sin cruce alguno entre circulaciones de uno u otro tipo.
El número de detenciones de ascensores y montacargas es menor que
el normal. Las baterías de ascensores y montacargas sirven todas las
viviendas y no limitadas zonas, y sobre todo, la sección transversal de
la torre es fácil sin niveles de forjado a alturas medias.

Programa de vivienda

Considerando la facilidad de adaptación del programa de vivienda a
las exigencias reales de la población, se ha pensado en disponer en
principio de los siguientes porcentajes de tipos:

- Viviendas dúplex 365 m^2

- Viviendas normales 198m^2

- Viviendas apartamentos 88 y 120 m^2

Con esta base de distribución de tipos y teniendo en cuenta que cada
tres niveles constituyen una unidad vertical de agrupación el proyecto
de cada torre se desarrollará así:

- Planta 1 a 3

- 4 viviendas dúplex   V365

- 4 viviendas normales   V198C

Plantas 4 a 6

- 4 viviendas dúplex   V365

- 4 viviendas normales   V198C

Plantas 7 a 9

- 4 viviendas dúplex   V365

- 4 viviendas normales   V198C

Plantas 10 a 12

• 12 viviendas normales   V198D, V198E y V198 F

Plantas 13 a 15

• 12 viviendas normales   V198D, V198E y V198F

Plantas 16 a 18

• 12 viviendas normales   V198D, V198E y V198F

Plantas 19 a 21

• 24 apartamentos   A88 y A120

Plantas 22 y 23

• Núcleo social

TOTAL

• 12 viviendas dúplex 365 m^2 14%

• 48 viviendas normales 198m^2 58%

• 24 apartamentos 88 y 120 m^2 28%

• 84 viviendas   100%

Estudio de la vivienda tipo

La idea básica del proyecto "TORRES BLANCAS" consiste en el
deseo de la propiedad de edificar unas torres de casas-jardín o programa de viviendas individuales en altura, con amplias terrazas ajardinadas, que hagan compatible la idea de vivienda en altura con la idea
de la casa jardín. Es un intento más, no sabemos en qué grado conseguido, de acercarse al ideal de todos –la ciudad jardín– haciendo compatible este ideal con la necesidad real de la contracción urbana y de la
vida de la gran ciudad, este último punto, el único aspecto no logrado

en los desarrollos urbanos de tipo unidad jardín, donde la idea ciudad-convivencia, desaparece o diluye.

Cada vivienda, por principio, se compone en torno a un juego de terrazas, que son el corazón o el pulmón, si se quiere, de la casa. El desarrollo se hace en forma de dos alas independientes, una para las estancias, el comedor y los servicios propios, y otra para las zonas de dormitorios y anexos. Este desarrollo desdoblado es dominante en muchas plantas de Frank Lloyd Wright, pero lo es, mayor argumento, en un gran porcentaje de casa libre, ciudad-jardín, en las viviendas normales de clima templado, casa-patio, y por ésta y no otras razones, ha sido adoptada.

En cuanto al detalle del programa, queda expresado en los planos correspondientes. Sólo insistiremos en algún punto que no aparezca allí suficientemente aclarado.

Cocina-comedor

Se ha abandonado el primer intento de una gran separación espacial entre ellos, por considerar que el porvenir apunta cada día más –mayor dificultad para encontrar servicio doméstico– a la idea de la cocina como espacio habitable para la dueña de la casa: un verdadero laboratorio doméstico y, como tal espacio, relacionado íntimamente con el comedor-estar.

Si se plantease, en determinados programas o en ciertos momentos del día, la conveniencia del aislamiento, nada más fácil que el corrimiento de una cortina o un panel rígido adecuadamente dispuesto. Lo que no se proyecta es la comunicación de ambientes, porque la cocina, como tal laboratorio, debe ser una entidad separada.

Dormitorios-galería

Los tres dormitorios, base del programa familiar de la vivienda, tienen apertura a la terraza –jardín exterior y tienen acceso en el 75 % de los casos, desde una habitación o galería de uso múltiple, que lo mismo

puede servir de cuarto de estudio, lugar de juego de pequeños, que
habitación auxiliar del ama de casa para lectura, tertulia, quehaceres
domésticos (plancha, etc.). Esta solución permite el desenvolvimiento
de la vida de relación de la casa en el jardín central y el juego de los
pequeños en este ambiente privado separado.

Salas de baño

Todas tienen ventilación mecánica, con circulación de aire exterior,
para su mayor eficiencia. Son de planta circular, la figura impermeable
de menor perímetro, creando formas envueltas, que son paso de cana-
lizaciones.

Algunas salas de baño, intencionadamente, son exteriores, bañadas
por el sol y la luz ambiente. Tal es el caso de los cuartos de baño del
dormitorio principal.

Relación vivienda restaurante

Todos los tipos de vivienda, desde el apartamento menor de 88 m^2
hasta la vivienda de 2 niveles de 365 m^2, tienen un servicio interno de
montaplatos (accesibles desde la cocina) que enlazan la casa con las
cafeterías y restaurante del núcleo social. Así, cada célula cuenta con
un cómodo servicio auxiliar de restaurante y, lo que estimamos aquí
más importante, la posibilidad de vuelta de los cubiertos servidos, eliminando un problema tan importante como el propio de separación de
comidas: la limpieza de vajilla y útiles empleados en aquellas.

Núcleo social elemental

Se desarrolla en los dos niveles altos de las torres, en forma de juego
alternado de espacios cubiertos y abiertos, con dominio de amplias
perspectivas de la ciudad.

Este núcleo social, según se refleja en los planos correspondientes,
abarca desde la primera tienda de pequeñas provisiones (un periódico,

flores, un cuaderno, viandas, etc.) hasta peluquería de señoras, cafetería, restaurante y piscinas.

No necesita más aclaración, sino la de que es una experiencia ciertamente nueva, cuyo éxito dependerá de que pueda ser atendido por muy pocas personas; recuérdense a este efecto las tiendas americanas tipo "drug-store" en las que una misma persona atiende a las ventas y al mismo tiempo al restaurante.

La idea de un núcleo social en planta alta pretende en sí, resolver de una vez para siempre ese concepto clásico ya, de las casas de escaleras, que más que elementos de agrupación vecinal, se convierten en corredores donde circulan gentes que –estando próximas– no se conocen. Verdaderas unidades "no sociales" de la ciudad contemporánea. Se completa el núcleo con 6 unidades de apartamentos o estudios.

Guardería y Capilla

La parte baja de las torres, en un gran porcentaje jardín, sirven para el esparcimiento de la comunidad. Sobre ella se emplaza la guardería infantil y la capilla.

La vida de los niños requiere grandes espacios abiertos y por eso no tienen cabida en las torres los espacios dedicados a la infancia. La presencia de los pequeños sobre el nivel de la ciudad, es una necesidad para la propia existencia urbana. La capilla como tal no precisa más explicación.

Construcción y materiales

Es una estructura singular en formas de muros-pantalla de hormigón armado. Lo que sobra siempre en una torre es luz y ventilación, lo que falta, es posibilidad de concentración y aislamiento. Piénsese en las necesidades de calefacción o refrigeración de cualquier edificio moderno. Estimamos la torre como una prolongación del terreno más que como una jaula ligera. En este sentido, los muros pantalla de hormigón son, pudiéramos decir, una necesidad funcional.

Los que propongan como única dificultad la de modificación de planta,
deben pensar, sin más, en la libertad de soluciones de planta que la
idea del proyecto entraña.

Los materiales a emplear serán todos de primerísimo calidad. El piso
de las zonas de dormitorios, incluido las salas de baño, serán de
madera policanizado. La sala de estar y galerías de acceso, de embal-
dosado cerámico.

Las terrazas, de baldosa cerámica, y los pisos de cocinas y servicios,
de baldosa de gres

Las cocinas llevarán aparatos de primera calidad, incluyendo hogar
de gas y electricidad, lavadoras y armario frigorífico; fregaderas de
acero inoxidable, armarios de cocina en madera natural barnizada,
con tablero de mesa en formica blanca mate. Zonas de techo sobre
el comedor y las galerías con alistonados de madera. La carpintería
interior en madera de color natural, protegida con barniz. Al exterior,
madera tostada. Las terrazas-jardín, con 40 cms., de capa vegetal para
plantaciones.

La calefacción y el agua caliente serán con instalación central. Radia-
dores bajos, de 28 cm.

Los ascensores y montacargas serán rápidos, de cabina metálica y
selección de llamadas.

En plantas de servicios se montarán además de los servicios centra-
les, los de lavandería y secado de ropa, así como cuartos trasteros.

El presupuesto total de ejecución material asciende a la cantidad de
pesetas: 101.688.375,90 (ciento un millones, seiscientas ochenta y ocho
mil, trescientas setenta y cinco pesetas, con noventa céntimos).

Madrid 25 de Febrero de 1964"

APUNTES A LA MEMORIA PRESENTADA

Tras ser presentado el proyecto al Colegio de Arquitectos de Madrid
para su visado éste, a través a través de su oficina de control, manda

una carta que nos permite conocer algunos datos más del edificio. Además es interesante incorporar otras cartas colegiales que nos referencian cronológicamente el edificio.

Así refiriéndose al expediente 5641 falta la siguiente documentación: comentar tarifación, comentar ordenación, comentar urbanización. Está emitido con fecha 12 de Marzo de 1964, muy poco tiempo después de la firma de la memoria que realizada el día 25 del mes anterior.

Se debieron subsanar fácilmente las observaciones dado que el proyecto aparece con sello de visado de 17 de Marzo, cinco días después de las mismas.

En el expediente aparece también un mínimo número de superficies para la tarifación de honorarios. Así se dice:

Planta de sótanos	1866,00 m²
Planta de semisótanos	1440,00 m²
21 plantas de 680m²	14280,00 m²
Planta 22	950,00 m²
Planta 23	400,00 m²
Totales	19797 m²

Figura como autor del encargo Don Juan Huarte Beaumont y la hoja de encargo esta firmada el 4 de Marzo de 1964.

En relación con la construcción de la segunda torre ya se ve con fecha 8 de Mayo de 1964, antes de comenzar las obras que no se iba a realizar. En este sentido Sáenz de Oíza presenta al Colegio para su visado una breve memoria de "señalamiento de alineaciones y segregación de parcelas".

En ella se reseña una parcela de 3.415,59 m² en donde levantar un edificio en altura de 24 plantas y otra parcela de 4843,10 m² sobre "el que se proyecta un edificio de una altura normal (6 plantas)". Por tanto el promotor y el arquitecto deberían haber convenido con el Ayuntamiento la altura y edificabilidad de la parcela a segregar, tras la dura pugna de la obtención de la licencia.

De ese mismo día, 8 de mayo de 1964, es el documento en que Sáenz de Oíza comunica al Colegio de Arquitectos de que tiene encomendada la Dirección de las obras de la torre.

Con fecha de cinco días después, 13 de Mayo de 1964, Sáenz de Oíza presenta una breve memoria que entre otras cosas dice:

"Con objeto de levantar un edificio en torre, según proyecto realizado por el Facultativo que suscribe, y de acuerdo con el proyecto aprobado por la Comisaría de Ordenación Urbana de Madrid, en la Manzana 15 del sector de Ensanche de la Prosperidad, a base de un edificio en torre y otro de altura normal, copia de cuyo acuerdo se acompaña, se describe la segregación y parcelación de parte de la finca de HISA, sobre la que se levanta el edificio en altura."

En diferentes comunicados al Sr. Arquitecto Director de Edificaciones Privadas del Excmo. Ayuntamiento de Madrid Sáenz de Oíza presenta:

A. Septiembre 1965

que están iniciadas las fábricas sobre el enrase del cimiento (Sáenz de Oíza pone de su puño y letra la fecha de Sepbre1965 pero el sello del colegio de Arquitectos es de 9 enero 1969)

B. 11 Febrero 1967

"que en el solar de la manzana... se dió comienzo a la construcción de un edificio denominado "Torres Blancas "el 29 de Mayo de 1964 autorizado por la Comisión de Planeamiento y Coordinación del Area Metropolitana y Excmo. Ayuntamiento de esta capital, a cuenta del volumen total, asignado a este solar, y que no puede llevarse a cabo hasta que no sea aprobada la reparcelación del Sector por dicho Organismo".

C. Agosto 1968

... que está preparada la estructura del techo correspondiente a la altura de la edificación destinada a Vivienda.

D. 18 Noviembre de 1968

*Don Francisco Javier Sáenz de Oiza, arquitecto, como Director de
las obras de construcción del edificio aislado destinado a viviendas
situado en la avenida de América n 37 de esta capital:*

*"Certifico que en el día de hoy 18 de Noviembre de 1968, se ha termi-
nado el citado edificio, el cual desde este momento se encuentra en
condiciones de ser habitado"*

E. 22 de Noviembre de 1968

Certifico:

*"que la superficie que ocupa el edificio Torres Blancas, ubicado en el
solar de 3.514,33 m² en la Manzana 15 del Sector de Prosperidad (Avenida de América, Padre Xifré y corazón de María) es de 830 m², construcción efectuada a cuenta del volumen definitivo que se autorizará
en su día, cuando por los Organismos competentes se apruebe el
Plan de Ordenación y Parcelación del referido Sector, en el que está
incluido el solar que nos ocupa."*

Por otra parte con fecha 19 diciembre 1968, Oíza presenta tres certifi-
cados: que están iniciadas las fábricas sobre el enrase del cimiento,
que está preparada la estructura correspondiente del techo de planta
baja y que está preparada la estructura del techo correspondiente a la
altura de la edificación.

En relación con el restaurante Sáenz de Oiza presenta una serie de
modificaciones con objeto de adecuar la solución final para obtener la
"Licencia de Apertura" del comedor. El proyecto está firmado el 28 de
Septiembre de 1970.

Años más tarde, ya finalizada la torre, con fecha de 5 de Julio de 1974
la empresa Huarte requiere de Sáenz de Oiza un certificado visado de
las obras realizadas en Torres Blancas con objeto probablemente de
conseguir las calificaciones que habitualmente son requeridas a las
empresas constructoras. Certifica Sáenz de Oíza, entre otras condiciones administrativas habituales lo siguiente:

*"Que la empresa Huarte y Cia, S.A., con domicilio social en Pamplo-
na, Plaza del Castillo n 14 y oficinas en Madrid, Avda. del Generalísimo n 8, ha realizado las obras del Proyecto antes mencionado. Obras
que han sido finalizadas en 1972, consta de dos sótanos, veinticuatro
plantas. Su cimentación se ha realizado por medio de zapatas, muros
de hormigón, estructura y forjados de hormigón armado, con una
superficie total de 23.247 m2., acabados e instalaciones adecuadas
para un edificio de uso público.*

*El edificio está situado en Madrid. El importe de la estructura es de
102.476.827 pts. Y el resto de la obra de 203.981.173 pts lo que hace un
total de 306.458.000 pts."*

Podemos ver que la superficie se ha incrementado muy ligeramente pero el presupuesto se ha triplicado. Prácticamente figura como
presupuesto de estructuras la mitad del presupuesto de la Torre, que
coincide casi con el presupuesto total de la misma presentado en la
memoria original.

SOBRE LA MEMORIA DE INTENCIONES Y EL PROYECTO CONSTRUIDO

Sáenz de Oíza propone por tanto un programa de viviendas en torre
que incluye guardería y capilla. Se trata de un programa que había
desarrollado en los diferentes grupos de viviendas sociales de los
cincuenta, y que domina. En la memoria habla de disponer en el jardín
la superficie necesaria para esa guardería y capilla. Ninguna llegó a
realizarse, quedando el espacio construido en el jardín como una zona
disponible para oficinas.

Este conjunto que también en algún momento denomina Oíza "ciudad-
jardín" se complementaba, como se deduce de este texto, con el resto
de parcela destinado al uso de oficinas y locales comerciales. De este
proyecto existen fotografías de la maqueta y unos planos de antepro-
yecto. Sabemos de la voluntad del grupo Huarte de su construcción y
desconocemos por qué no llegó a realizarse. Años más tarde se vende-
ría el solar y el arquitecto Rafael de la Joya realizó un pequeño bloque

Foto con detalle en construcción de las terrazas y recién terminadas por Sáenz de Oíza.

de viviendas en ladrillo oscuro. Quizá esta propuesta de viviendas y apartamentos queda situada excesivamente próxima a la Torre.

La idea de espacio vertical queda remarcada por lo que Oiza denomina "unidad de desarrollo vertical", que es la organización por módulos de tres plantas. Así habla de un "ensayo singular" con la calle interior y vertical como grupo de comunicación. Estas ideas de calle corredor y de módulos de tres plantas las hemos podido ver en Alcudia y también de manera incipiente en el bloque del río Manzanzares de Madrid en 1953. La idea de Le Corbusier del bloque de Marsella había interesado mucho a Sáenz de Oíza, como hemos comentado.Y los conceptos de Gaston Bachelard y su visión sobre el desván y el sótano y la concepción vertical del hombre formaban parte de los temas recurrentes de Oíza.

Mezclada con esta preocupación está el manifestado interés en no tener "niveles de forjado a alturas medias "problema tradicional de las escaleras. Así podemos entender algo mejor el esquematismo de la sección presentada a visado, y aunque Oíza menciona mucho las ideas de sección y unidad de tres pisos sin embargo el problema o el resultado alcanzado es de un predominio de la forma.

Estudio de oficinas para el grupo Huarte en sustitución de la segunda torre, 1969.

Existe también una clara crítica a la manera tradicional de la disposición de los garajes de edificios de viviendas, defendiendo la distribución separada del cuerpo principal, sin pilares y con iluminación natural.

Desde un punto de vista de funcionamiento racional defiende la colocación de tres pisos de los apartamentos pequeños en las últimas plantas, por su proximidad al servicio de restaurante-cafetería. Los planos reflejan los tipos de viviendas con la letra A o bien V (caso de apartamentos o viviendas) seguidos a continuación de su superficie, y de las letras D, E, F según la orientación.

Es curioso que cite a Wright en la memoria presentada al Colegio de Arquitectos de Madrid. Aunque tras su mención en base a la "casa de dos alas independientes", comenta como de su interés la distribución las tradicionales casas-patio. La cocina aparece calificada como laboratorio doméstico, y en la medida de lo posible incorporando el comedor. Sáenz de Oíza manifestaba contradicciones entre el deseo de abrir una nueva puerta entre la cocina y la habitación de comedor o dejarlo como estaba. Esta duda le asaltaba con frecuencia en el uso diario. Hubo momentos al inicio de vivir en Torres Blancas en que comíamos las nueve personas en la mesa dispuesta en la terraza. Incluso llegó a colocar una lámpara en el aire de difícil manera, para el atardecer. Sáenz de Oíza quería experimentar el uso del jardín de la utópica vivienda patio o casa de la sierra madrileña. Pero ya el ruido inicial de los finales de los sesenta hacía incómoda la comida.

La estrecha escalera que comunica la zona de servicio con la cocina en los dúplex se maneja en los mínimos de las escaleras de las viviendas de Fuencarral A, laterales a los muros sustentantes. A Oíza, bastante austero, el mundo de los números y necesidades de lo mínimo le atrajeron durante toda su vida. Esta posibilidad bastante escenográfica de cambiar de mundo soñado a través de una estrecha escalera le resultaba atrayente, y le volvía al desván de Bachelard.

La idea del proyecto de plantear las dos plantas últimas como espacios comunes y de uso de los vecinos se transforma notablemente a lo largo del proceso. Lo más interesante quizá hubiese sido el núcleo de seis unidades de apartamentos o estudios. Estos realmente se transformaron en apartamentos y espacios para los directivos de la Empresa Huarte. De hecho la familia Huarte utilizó al principio la planta 23 para uso residencial de los directivos que venían de Pamplona y de salas de reuniones. Constituyen la parte menos conocida del edificio y en sha correspondido a la residencia de la Presidencia de una empresa de ayuda en carretera al automovilista. Asimismo la planta del Comedor estaba dedicada a las oficinas de representación de esta empresa. En el momento actual se encuentra en proceso de venta tras el fallecimiento del conocido y apreciado empresario asturiano que lo dirigía.

Las primeras reuniones de Propietarios tenían lugar en la planta 22 como un uso colectivo muy ligado a la idea de partida. Pertenece al espíritu de la época la referencia que hace Oíza a los drug-store, almacenes de tipo americano que empezaron a implantarse en Madrid en la época de finalización de Torres Blancas, pero que tuvieron corto éxito. Correspondían a la búsqueda de un modo de vida en libertad, con horarios ininterrumpidos e inicio de un nuevo modo político y social que se alcanzaba a ver venir. Por tanto no se construyeron los usos comunes de peluquería, pequeñas tiendas (periódicos, flores...). En su lugar se realizó un Comedor restaurante, Comedor Ruperto de

Planta 23. Estudio de planta de sede de Huarte Inmobiliaria..

Torres Blancas en construcción. Foto de Sáenz de Oíza.

Comedor Ruperto de Nola. Principios años 70.

Nola, bastante conocido en su época en Madrid y con diversos premios gastronómicos. El diseño de los ventanales, de los ondulantes falsos techos, las amplias vistas, lo peculiar del edificio en su conjunto ayudó a crear un comedor de gran éxito. Los montaplatos de las viviendas a cafetería se emplearon en el primer mes escaso de la apertura del comedor al no tener prácticamente demanda. Al introducir un uso público en la parte superior de un edificio de uso privado se creó algún problema con los vecinos: sobrecargas puntuales de personas, horarios tardíos del restaurante... Más aún cuando al principio en cada ascensor subía una azafata del comedor de corta minifalda con los vecinos, con las consiguientes protestas de algunas señoras. Finalmente sólo resistieron un par de aparcacoches uniformados en la puerta y transcurridos varios años de notable éxito, el restaurante se cerró.

De tal manera que la torre como idea utópica de *ciudad-vertical* tuvo que ceder paso a una situación más real. Mario Gaviria le comentaba a Sáenz de Oíza al principio, que la torre iba a ser ocupada por oficinas dado que tenía un poder de símbolo y representación propicio. De hecho así ha sido durante muchos años. Finalmente la difícil convivencia entre uso residencial y de oficinas ha hecho que en aplicación de la normativa urbanística, reclamada por numerosos vecinos, se haya denegado la licencia de apertura a todas propiciando su desaparición.

Piscina, estado actual.

Se pensaba también en más de una piscina o por lo menos la memoria habla de ellas en plural. En la planta de terraza –cubierta del edificio se construirá la piscina definitiva.

En la memoria no menciona ninguna característica del portal ni tampoco menciona la relación de la torre con su entorno.

La denominación que hace de las viviendas tipo en el momento de presentarlo al Colegio de Arquitectos no tiene prevista aparentemente la numeración de los apartamentos siguiendo el código luego utilizado. Finalmente se utilizó el número de planta seguido de una pareja de números que expresa la coincidencia en vertical en las zonas del edificio: apartamentos 420, 430, 445... o bien 1020, 1030, 1045...

EL CASO DE BATÁN

Unidad Vecinal Batán 1955-1963. Con José Luis Romaní y Manuel Sierra Nava.

Viviendas en Puerta del Angel (1953) y Avenida de Portugal. Con José Luis Romaní (n. 1921).

Unidad Vecinal Batán 1955-1963. Con José Luis Romaní y Manuel Sierra Nava.

Retomemos un conjunto de viviendas sociales que había realizado Oíza y cuyo final de obras enlazaría con el comienzo de la Ciudad Blanca.

Como hemos comentado en la trayectoria de finales de los años cincuenta y principios de los sesenta construye Sáenz de Oíza numerosas viviendas sociales en los alrededores de Madrid, en zonas marginales de desarrollo. Entre los proyectos que no se llevaron a cabo figuraba un bloque de clara inspiración en el bloque de Marsella de Le Corbusier previsto para ser realizado al borde del río Manzanares en Madrid.[7]

[7] Sobre este tema he escrito en "Espacios para la Enseñanza", Ediciones Asimétricas, en los tomos 1, 2 y 3 alguna ampliación al comentario así como sobre las escuelas de Batán.

Con objeto de proporcionar viviendas al importante número de vecinos de esta fallida promoción realizó Saenz de Oiza, en colaboración con otros arquitectos y amigos las viviendas en la avda de Portugal y las de Batán. Ambos grupos estaban en la salida natural de Madrid hacia Lisboa, en zonas de escasa población. Hay un fuerte carácter italiano, de los maestros racionalistas, en los planteamientos de este grupo de viviendas. Podíamos señalar entre todos la fuerte atmósfera de Gardella entremezclada con las mejores películas del neorrealismo italiano.

Juan Daniel Fullaondo, comenta que algo importante de Torres Blancas empieza en Batán. Así nos dice:

"... Por lo tanto, tenemos que crear una ciudad-jardín vertical. El esquema intelectual está ya claro. La solución será difícil, en muchos aspectos no conseguida, pero ahí queda la constancia de los objetivos iniciados por Oíza. Ciudad-jardín, naturaleza, está hablando de crecimiento orgánico y Oíza volverá ahora, sus ojos hacia Wright, en quien hallará la más evocadora visión del utopismo urbanístico, Broadacre City, y también autor de la más hermosa de las torres de la arquitectura moderna, la Torre de San Marcos, materializada veinte años después en la Torre Price. De ésta, tomará Oíza las ideas de un núcleo central de comunicaciones, la idea de cuatro apartamentos por planta, las ideas de la esvástica, ya intuida años atrás en Batán."[8]

Fullaondo, quien había trabajado conjuntamente con Rafael Moneo en el estudio de Oíza en la época inicial de Torres Blancas, ofrece una lectura cercana a la que dará el propio Sáenz de Oiza en la memoria de Proyecto de ejecución como hemos visto.

En este conjunto de viviendas sociales que plantea Sáenz de Oíza es de señalar la atmósfera urbana propuesta que continúa teniendo interés en el paso del tiempo. Hay algunas viviendas en el caso de Batán que han quedado muy próximas a la antigua carretera de Portugal y que han sufrido mucho desgaste de contaminación y de falta de mantenimiento. Pero la idea del conjunto urbano de colonia de viviendas sociales sigue siendo poderosa. En Batán la topografía presenta un claro desnivel entre la cota superior que va a limitar con el bosque de

[8] Francisco Javier Sáenz de Oíza por Juan Daniel Fullaondo. Primera exposición Forma Nueva. Madrid Mayo-Junio 1967. Pg 42.

pinos de la Casa de Campo, y la carretera de Portugal, que es más baja. Los bloques de viviendas se disponen en paralelo a las curvas de nivel con un juego de figuras desplazadas.

La revista de la Obra Sindical del Hogar, llamada "Hogar y Arquitectura", publica las viviendas en Batán.[9] El programa es de 752 viviendas protegidas con iglesia, escuelas y tiendas anexas. Sáenz de Oíza realizó personalmente el cálculo de estructuras de las torres, pero afirmaba dormir mal las noches de mucho viento. Probablemente es la última vez que Oíza realiza los cálculos totales del edificio, instalaciones, estructuras y gran parte de las mediciones de obra. A partir de estas fechas comienza a profundizar en las relaciones con otros especialistas que le van a permitir abordar situaciones más complejas con una visión más poderosa de planteamiento.

LAS ESCUELAS DE BATÁN

Finalizando la construcción de los diversos tipos de viviendas, bloques y torres, surge la necesidad de dotar de escuelas al nuevo barrio. Los años van pasando y el joven Oíza evolucionará rápidamente, siguiendo la atmósfera cambiante en la que viven los arquitectos de la tercera generación.

El cambio de época, marcado en los CIAM por Archigram y Van Eyck, resuena con fuerza en los ambientes arquitectónicos de vanguardia europeos. De tal manera que Oíza comienza a reencontrarse con sus propios plantemientos de la Iglesia del Padre Llanos en Entrevías. Vuelve a pensar en actitudes más complejas, menos abstractas, y retoma ese carácter vernáculo que embriaga en Frank Lloyd Wright.

Algunos detalles de las Escuelas de Batán se asemejan también a aspectos de Torres Blancas. Por ejemplo las ventanas de la planta superior que abren al patio circular tiene un sistema de apertura horizontal y una idea de mecanismos, caseros en alguna medida, que veremos en las carpinterías de las zonas de office y aseos en Torres Blancas.

[9] Hogar y Arquitectura. Número 33. Marzo-Abril 1961. Pgs. 2-11.

Escuelas de Batán (1961), estado actual.

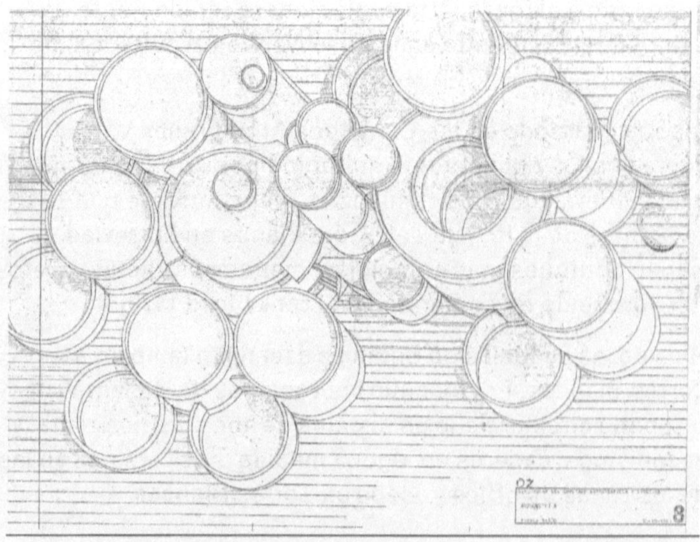

Estudio volumétrico, Escuelas de Batán (1961).

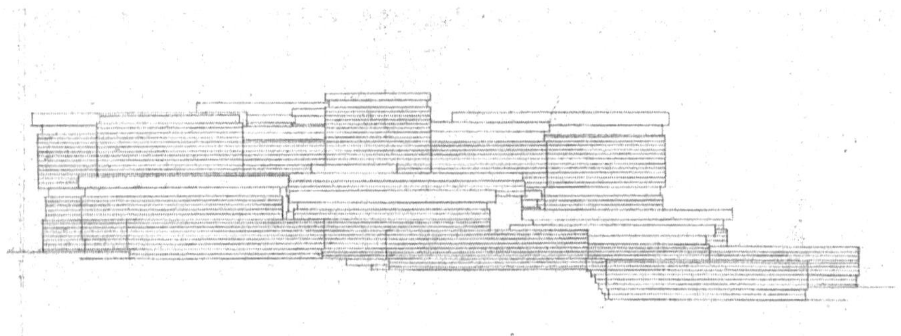

Alzados proyecto Escuelas de Batán (1961).

Foto de Sanz Bermejo de Escuelas de Batán (1961).

Vestuarios de piscina de Torres Blancas. Actual.

Podemos ver que si como comenta Juan Daniel Fullaondo, la planta de Torres Blancas tiene un arranque de la intuición de las torres de las viviendas de Batán, el remate de la misma es deudor de las Escuelas del mismo barrio. Si observamos la foto en blanco y negro de las escuelas realizada por Sanz Bermejo[10] parecería que estuviésemos en la terraza superior de la Torre. El remate de ésta forma parte de los elementos a los que Oíza dedicaría más tiempo. En las fotografías de las

[10] Ver artículo y foto en "Espacios para la enseñanza". Ediciones Asimétricas. Vol 2. Año 2013. pgs 52 a 64.

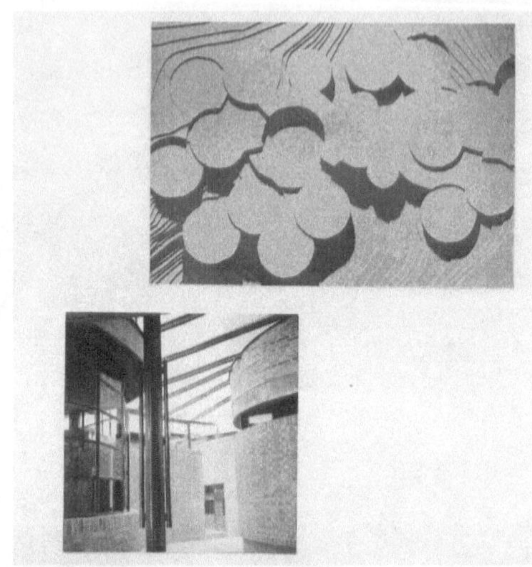

Maqueta de corcho de estudio
para las Escuelas de Batán (1961).
Foto de época de interior.

Patio interior de un módulo de las
Escuelas de Batán (1961).

Ventana abatible eje horizontal
con herrajes de cerrajería manual.
Similares a los empleados en
Torres Blancas en cocina y office.

maquetas de madera de la época vemos que la torre aparece como un fuste continuo en espera de un final. Dentro de las divagaciones habituales en un estudio de arquitectura, contaba Oíza cómo un día empezó a probar con distintas maquetas y piezas del estudio como remate de la torre. Una de las maquetas que estaba encima de los tableros de dibujo correspondía a las Escuelas de Batán. Oíza explicaba cómo superpuso de coronación de la Torre a las escuelas de Batán y le pareció una solución a considerar.

Conviene señalar la importante colaboración de los ingenieros Carlos Fernández Casado y Javier Manterola. El problema de los esfuerzos de viento en el fuste de la torre había quedado resuelto por las pantallas verticales de hormigón, dispuestas como un libro abierto, y con la colaboración de losas y pilares de alta resistencia ($525 \ Kp/cm^2$). Ahora hay que superponer a este sistema el conjunto de discos de las Escuelas de Batán, con una transición estructural que se realiza en la planta técnica de instalaciones en el piso 22.

LOS MAESTROS DE OÍZA

Para Sáenz de Oíza uno de los arquitectos más importantes de su propia historia personal había sido Le Corbusier. En diversas entrevistas hablaba de Fidias, los maestros del gótico, de Mies van der Rohe, de las vanguardias rusas,...pero siempre quedaba por encima la imagen flotante colorista, de pintor potente y de hombre total de Le Corbusier. Muchas veces refería la anécdota de que en las clases de proyectos sus maestros les hablaban de Schinkel y el respondía con Le Corbusier y que al final de su vida comprendió que no eran contrapuestos.[11] He citado cómo en el bloque del río Manzanares el joven Oíza intenta construir un edificio a partir del bloque de Marsella con la intención de compararse y superarlo.

En Torres Blancas, muchos años después, existe una armonía de colores y espacios y resoluciones constructivas que hacen pensar en Marsella. En particular los espacios de dormitorios del bloque francés, la apertura de armarios, la longitud las hojas de las carpinterías trasladan a las zonas de dormitorios de Torres Blancas. De tal manera que una personal visión de Oíza hace integrar aspectos orgánicos de la arquitectura y carpinterías que recuerdan a Wright, con actitudes que asemejan a Le Corbusier y momentos formalistas italianos.Oíza, huérfano de profesores de Proyectos en su primera juventud, analiza y estudia de forma un poco autodidacta la obra de los arquitectos de las generaciones primera y segunda. Pero como miembro fiel a la tercera generación, compañero de los últimos CIAM, de los Smithson, de Van Eyck, amigo de Bakema, encuentra un camino propio evolucionando de las arquitecturas abstractas de los bloques de viviendas sociales a los que se había dedicado con profundidad.

En los croquis de Torres Blancas asistiremos a un debate entre la geometría de la casa ideal de la pradera en forma de L, como sucede en las casas populares o en las viviendas patios de Jorn Utzon, de geometrías exagonales de ambiente wrightiano junto a mundos de la curva del pintor de hormigón Le Corbusier, evolucionados bajo un fuerte carácter tectónico. Entendiendo por tal la impronta que ofrecen las cosas hechas con las manos, las maquetas de madera, los dibujos con grafito y ceras de colores, los modelos de barro, los collages de maquetas,

[11] Revista Arquitectos de Madrid. Número 1. Año 2008. Artículo Fco. Javier Sáenz Guerra y Teresa Sánchez de Lerín. pg. 49.

los fragmentos interseccionados...que son pulidos por la geometría, el sueño y la razón de un carácter volcánico, como calificó Alberto Campo Baeza. No era fácil parar esa tempestad de intenciones.

En la publicación sobre el proyecto de la Capilla del año 1954 he comentado algunas de las sinergias entre el arquitecto danés y Sáenz de Oíza. Incluso coincidieron en viajar en las mismas fechas a Estados Unidos. Seguramente puede no ser ajeno a este interés de Oíza en la obra de Utzon el hecho de que Rafael Moneo, tras colaborar en el estudio de Oíza acudiera al estudio de Jorn Utzon. Por coincidencias de la vida finalmente los tres han veraneado o veranean en la isla de Mallorca, en esas afinidades de luz, color y temperamento. Resulta también coincidente el mundo de Isfahan en la escala a Australia, de Jorn Utzon, con la experiencia que del mundo árabe había tenido Oíza en su infancia en Sevilla y con la influencia del experto en arquitectura hispano-árabe, su apreciado profesor en la Escuela de Arquitectura de Madrid,don Leopoldo Torres Balbás.[12]

En Oíza esa mirada al arquitecto danés permanecerá siempre. Quizá también fruto de la época de trabajo junto a Jose Luis Romani, admirador del mundo nórdico. Y Sáenz de Oíza sentía un gran aprecio por Pepe Romaní. Me consta también de las conversaciones con este último que era un enorme aprecio mutuo.También Oíza viajará a los paises nórdicos y verá la obra de Jacobsen, Aalto, Asplund y la amplia escuela de estos países.

Podemos suponer que Sáenz de Oíza ha visto a su compañero Jorn Utzon mostrando orgulloso la maqueta de su obra.[13] Oíza retrata a su mujer con la maqueta de Torres Blancas en un encuadre muy similar. En relación con la obra de Utzon hay sintonías muy parecidas incluso en fechas que no concordarían dentro de lo que se podría interpretar como una influencia.

Resuena también en Utzon y en Oíza ese mundo del Japón que atrajo a Frank Lloyd Wright como a otros muchos. Pudiera parecer más difícil de seguir esa ruta oriental pero en Oíza incluye desde el pequeño

[12] Un mito moderno. Una Capilla en el Camino de Santiago. Javier Sáenz Guerra. Fundación Museo Jorge Oteiza. Noviembre 2007. pgs. 224-256.

[13] Utzon. Richard Weston. Edition Blondal. 2002. Pg. 227.

Jorn Utzon mostrando
el modelo de Melli Bank,
1959-1960.

Maria Felisa Guerra, esposa de Sáenz
de Oíza, con modelo de Torres Blancas.
Principios años sesenta.

muelle de embarcadero de la Casa Huarte en Formentor, emparenta-
do con el mundo de la tradición japonesa, a las claras influencias de
Kenzo Tange y Arata Isozaki, en los concursos de las Universidades
españolas en los años sesenta.[14] Sobre la influencia del mundo oriental de Buckminster Fuller e Isamu Noguchi en Oíza se puede apreciar
el paralelismo entre ellos incluso en obras últimas de éste como el
Teatro de Festivales de Santander.[15]

Es necesario recordar también la publicación "The story of the tower"
de Frank Lloyd Wright.[16] Aunque es una edición de 1956 en las anota-
ciones de Oíza pone de su puño y letra como fecha de adquisición el
año sesenta. Es un libro muy utilizado por Sáenz de Oíza. En la portada
interior aparece una poesia de Walt Whitmann en coincidencia con

[14] "Espacios para la Enseñanza." Ediciones Asimétricas. Tomo 3. Realizo aquí una aclaración sobre este asunto.

[15] Revista Sinmarca. Número cero. Año 2002. Artículo sobre Santander realizado por mí
bajo seudónimo LSW siguiendo el espíritu deseado por el Editor. pgs 18-23.

[16] Frank Lloyd Wright. The story of the tower. Horizon Press New York 1956.

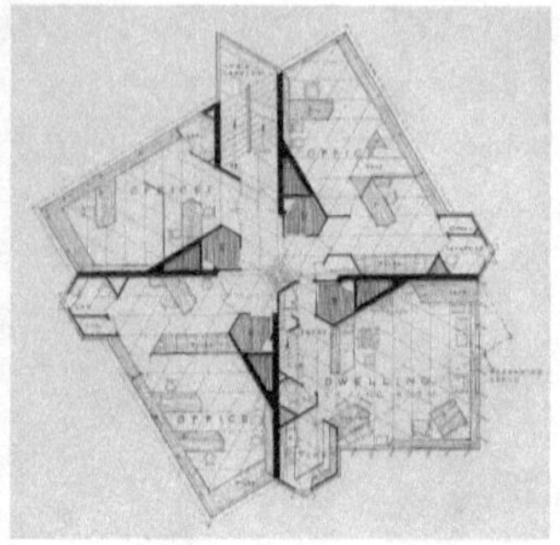

Planta torre Price. 1952-1956. F. Ll.Wright.

Planta de casa Huarte en Formentor (1968),
con estudio de embarcadero. Mallorca.

el libro de Jorge Oteiza "Androcanto y sigo", y que se enmarca en los intereses poéticos compartidos.

The story of the tower

Frank Lloyd Wright

"Toward all
I raise high the perpendicular hand. I make the signal
To remain after me in sight forever
For all the haunts and homes of men
....
Where the city of the faithfullest friends stands
Where thrift is in its place but prudence is in its place
Where behaviour is the finest of the fine arts
Where outside authority enters always after the
precedence of inside authority
Where the city has produced the greatest man stands
There the greatest city stands.

Walt Whitman, 1860

Portada Revista Arquitectura COAM.
Número 120. Diciembre 1968.

ALGUNOS ASPECTOS SOBRE LOS CROQUIS DE TORRES BLANCAS

Carlos de Miguel quien dirigía desde hace largo tiempo la revista del Colegio Oficial de Arquitectos de Madrid,[17] pide a Sáenz de Oíza material para una publicación sobre Torres Blancas. Es un número bastante interesante y podemos fijarnos en qué documentación selecciona y envía el arquitecto.

Los croquis que se publican de planta son ya bastante avanzados y parecerían ser los cabezas de línea de diferentes familias de exploración, con saltos amplios entre ellos y con tronco común.

Directamente nos enfrentamos a una torre planteada con cuatro viviendas por planta. Si esto fuera así deberíamos volver a las torres de Batán dado que no parece que dispongamos de unos croquis previos en los que la forma de búsqueda fuese más abstracta, más separada de su función de vivienda, del programa...

[17] Arquitectura. COAM. Número 120. Diciembre 1968.

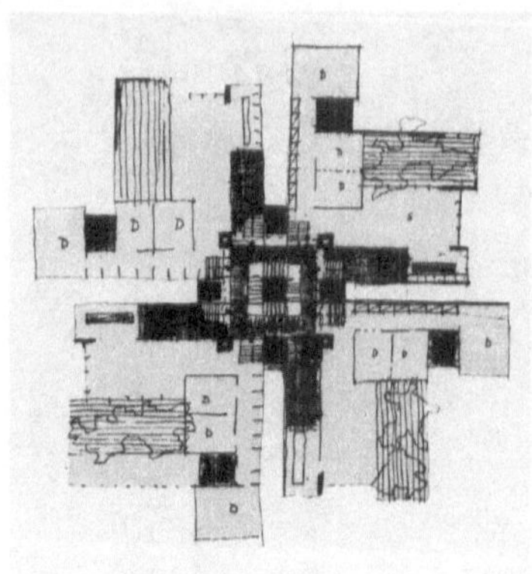

Terrazas y remate en ascensores de la piscina.
Fotografía de época de Sáenz de Oíza.

Croquis número 1.

Si nos fijamos en una unidad de vivienda comprobamos que hay en el fondo un tipo de una casa en L para girar, copiar, trasladar, rotar, espejo, etc... Pero ya desde este primer croquis que vamos a llamar número 1, está una forma de distribución del tipo compleja, no una traslación simple.

En otros croquis más avanzados podemos ver formas exagonales, que corresponden al momento del giro del cuadrado. En la obra construida las formas hexagonales quedarán en las escaleras de acceso a la maquinaria de ascensores en la planta de cubierta.

Estos croquis iniciales, ortogonales, se basan en la composición que Giedion denominará en "molino de viento" al analizar la obra de Wright. En este primer croquis, como sucederá en otros, es interesante fijarse en los pequeños cuadrados negros que separan los dormitorios individuales del principal; van a permanecer girando como en composiciones suprematistas. Este dibujo encierra casi una estructura dentro de otra; pudiera llegar a parecer una figura homotética de una inicial y además efectuando un giro. Aparece un pequeño cuadrado central con cuadrados pequeños en sus vértices flotando de alguna

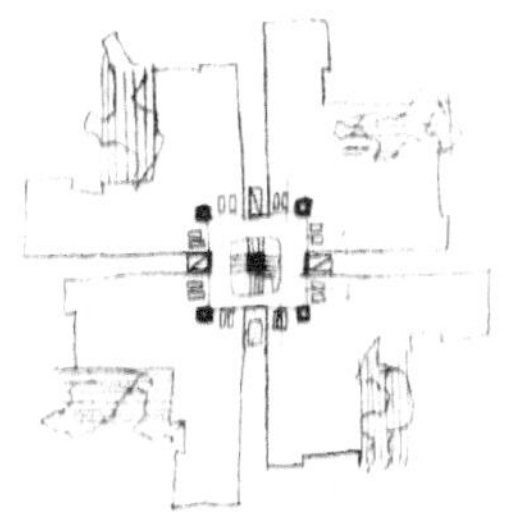

Croquis número 2.

Croquis número 3.

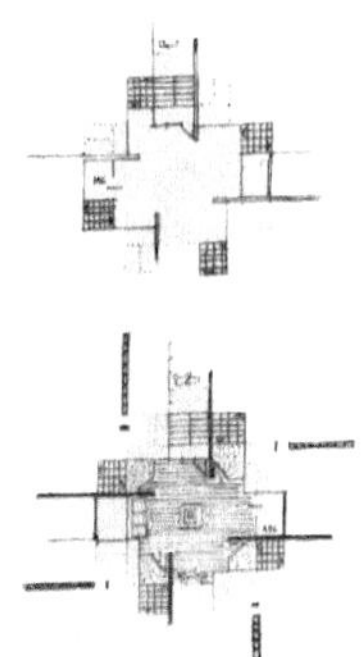

Croquis número 4.

manera en espiral o en constelación. Estos pequeños cuadraditos se ordenan en los dos siguientes croquis dentro de una figura superior cuadrada. Unas terrazas de pavimento lineal giran también en la composición con los cuadrados negros.

El segundo croquis es una vuelta atrás, un esquema, con un núcleo central cuadrado con inserciones de pequeñas células cuadradas alrededor, desapareciendo la idea de "vibración" de las piezas. Recuerda a ideas de los dibujos de instalaciones que realizaba Sáenz de Oíza cuando era profesor de Salubridad e Higiene en su primer año como docente. Los edificios son como personas y la estructura y los pulmones son entidades de función-forma. Aquí la figura surge como silueta envolvente del programa; las viviendas y las escaleras son perfiladas y deja marcada una vegetación natural en las esquinas sobre el dibujo tramado. El rayado de las terrazas ayuda mucho a la evolución de la espiral, porque se ve claramente como tensiones que giran.

En el tercer croquis hay también junto a unas referencias a actitudes wrightianas, un cierto aire de algunas torres de José Antonio Coderch, en particular en el núcleo central. Existe una cierta base en la estructura de la casa Jacobs y se aprecian nítidamente escaleras interiores de dos tramos. Tal vez lo más interesante sea el esquema cuarto, transición desde este tercero más elaborado. Es un esquema de

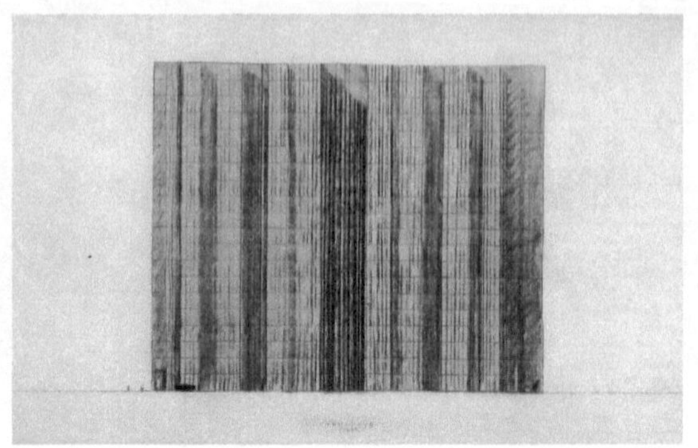

Fachada de rascacielos de Friedrichstrasse, 1921.
Mies van der Rohe.

Rascacielos de vidrio. Berlín, 1922. Mies van der Rohe.

muros rectos y espacios girados en equilibro asimétrico que recuerdan ideas de Van Doesburg y Piet Mondrian. Resultaría más cierto decir Mondrian, dado que Sáenz de Oíza utilizaba habitualmente diapositivas de cuadros de Mondrian para hablar de arquitectura. En este croquis ya aparecen los grandes ventanales abiertos a la terraza, que en los primeros eran unos puntos dibujados.

Resuena también, lógicamente aspectos de alguna planta de Mies van der Rohe, aunque la divagación del edificio esté alejada de él. No obstante algunas fotos de la torre de vidrio de Mies, en detalles de grafito, tiene también un aire de época que englobaría hasta Torres Blancas, siendo tan dispares. Por otra parte estos dos croquis reflejan temas que interesaban a Oiza y que desarrollé en la publicación sobre la Capilla: la espiral cuadrada, el libro del crecimiento y la forma, el Mundaneum de Le Corbusier...

Volviendo al croquis primero vemos que las viviendas en L se manifiestan exentas. Se piensa en cuatro grietas de luz entre ellas. Esta manera de ver las piezas individuales flotando, dejando aire entre ellas, se intercala más adelante con casos en que se comparte una de las pantallas por criterios de lógica económica y constructiva. Pero aparecerán y

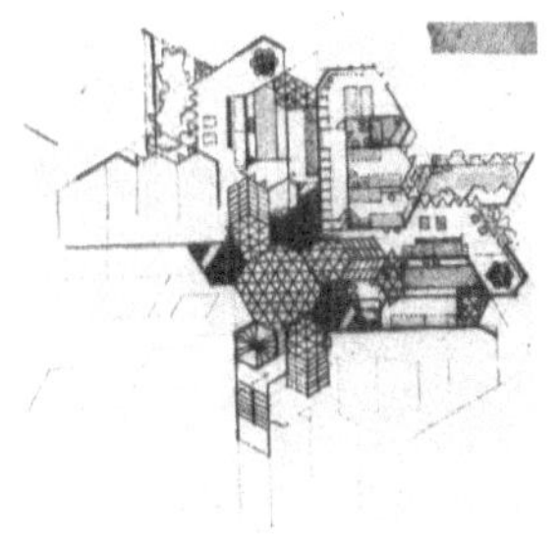

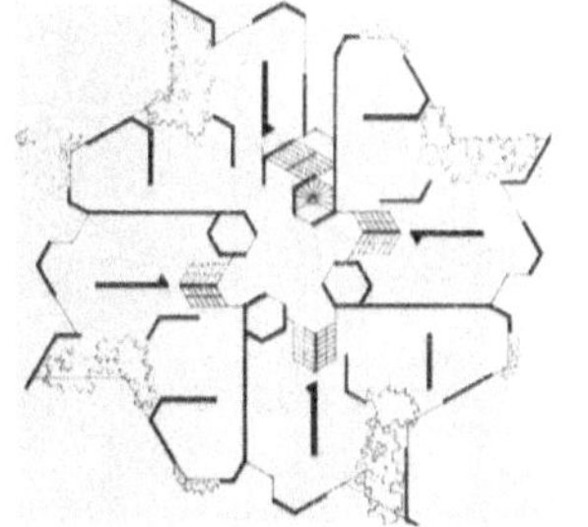

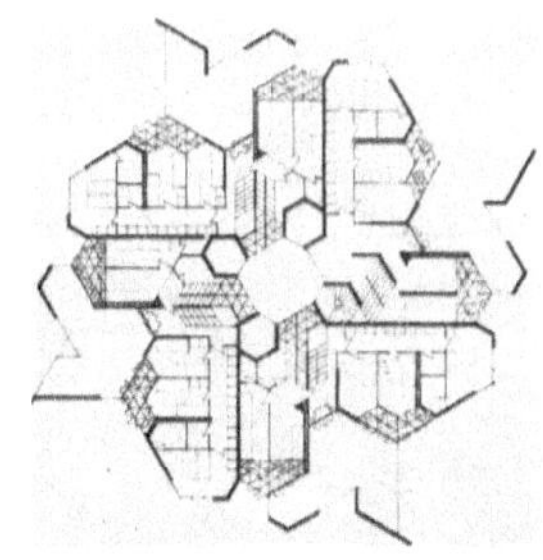

Croquis número 5.　　　Croquis número 6.　　　Croquis número 7.

desaparecerán esos intersticios vacíos en estos croquis; así los cinco y seis ya han desaparecido y está la pantalla común más lógica.

En estos primeros cuatro croquis el dibujo se presenta ortogonal al espectador, dibujado desde un hipotético "paralés", con una escuadra perpendicular. Pero en los siguientes cuatro vemos el doble cuadrado girado con un esquema subyacente detrás de tipo "molino de viento". Las pantallas estructurales empiezan a coger el protagonismo de elementos sustentantes de la Torre. En estos dibujos vemos que en sus cuatro direcciones una de las pantallas ocupa toda la linealidad plegándose en la esquina, colaborando así más eficazmente en la sustentación. El mundo exagonal, intersección como mejor forma para Wright entre el cuadrado y el círculo adquiere especial relevancia. Aunque Oíza abandonará aspectos de esta vía exploratoria, otros muchos reaparecerán.

En el croquis cinco hay cuatro elementos estructurales dibujados con mayor grosor y un pico triangular que se va a mantener en el croquis número siete. El centro de la torre es complejo y acumula una gran profusión de escaleras comunes a la torre, privadas de la vivienda y ascensores. Forma un núcleo excesivamente colmatado. En esta serie de cuatro plantas giradas en las terrazas aparecen unos hexágonos que abren la torre hacia nuevos e infinitos hexágonos, como en el sexto croquis, y en otros casos queda menos afirmado este carácter

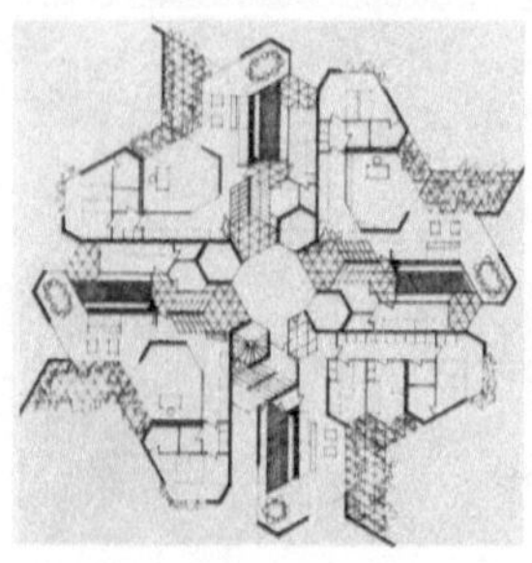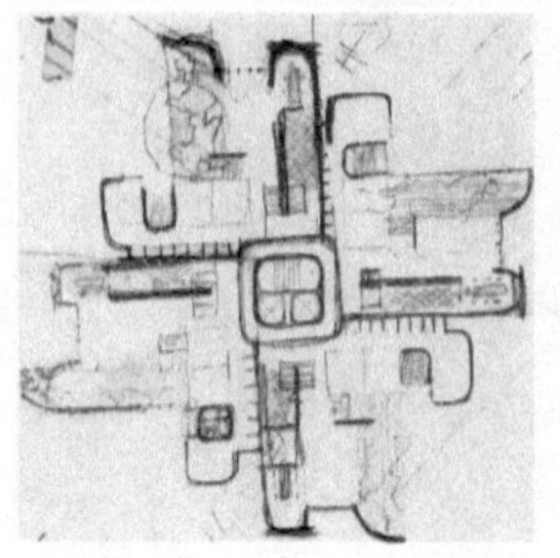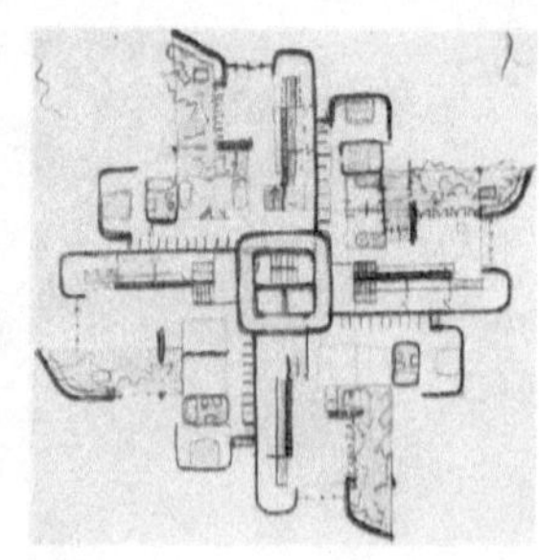

Croquis número 8.   Croquis número 9.   Croquis número 10.

hexagonal. Podemos ver también peldaños inclinados en las plantas que finalmente veremos en el jardín de la torre únicamente.

En los croquis restantes Oíza retoma un formato ortogonal de dibujo abandonando el doble cuadrado girado. Hay además un fuerte cambio. Es el el cambio de la escuadra y cartabón, del ángulo de 45, dando paso una geometría más suave; con un lápiz blando, un grafito que posibilita acariciar con más suavidad sobre el papel de croquis. El núcleo de escalera se homogeiniza y queda en un centro sin iluminación. Sáenz de Oíza trabaja con cuartillas de croquis transparentes que utiliza como "capas de dibujo". En aquellas fechas incluso al papel vegetal se le denominaba algunas veces "papel cebolla". El croquis 9 se hace sobre el anterior mejorando el dibujo de las puertas sobre las terrazas y los cuartos de aseos, mejor definidos y flotando con más libertad sobre la planta. El croquis 11 añade dos escaleras exteriores, en sustitución de la interior, que puede interpretarse como una primera preocupación por la iluminación de la escalera y por la evacuación en caso de incendio, aunque no queda claro el acceso o funcionamiento de ellas.Ya en el último croquis 12 la escalera empieza a disponerse o colocarse tomando luz exterior, y aparece una gran escalera de caracol, centrada, en una aproximación a ideas más definitivas.

Es quizá a partir de este momento cuando la torre comienza a tomar personalidad propia.Ya ha desaparecido la primera evidencia

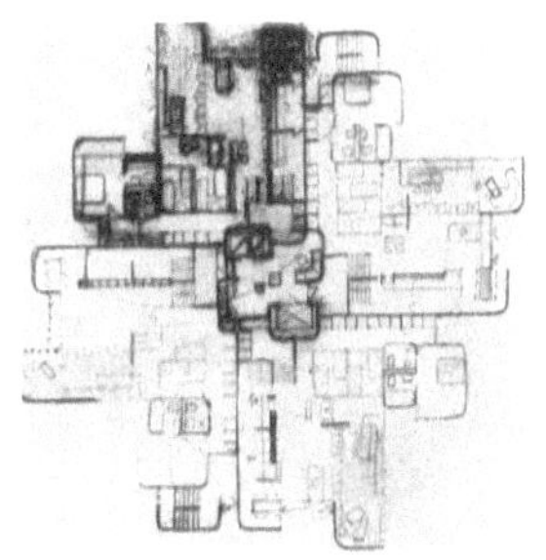

Croquis número 11.

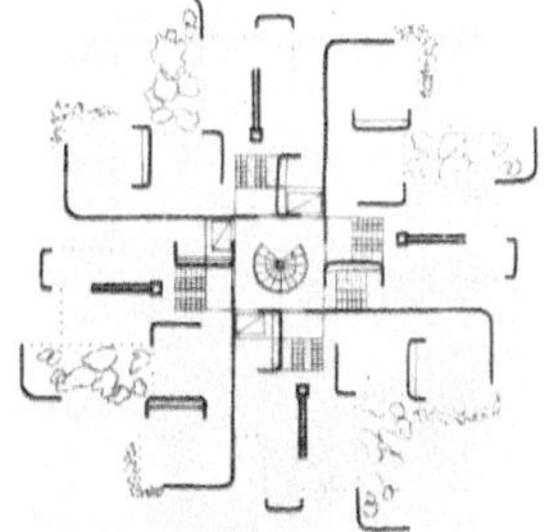

Croquis número 12.

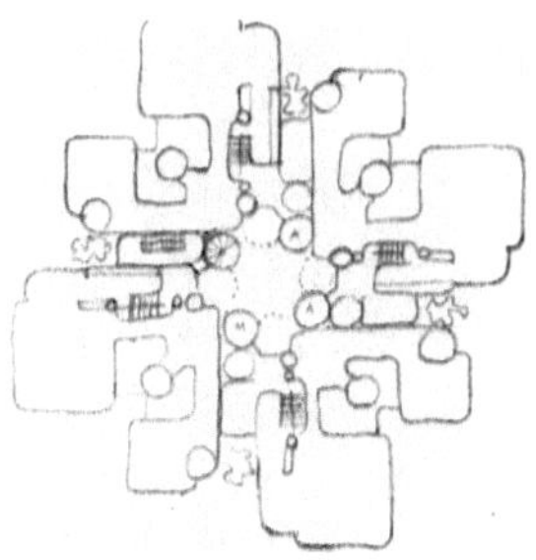

Croquis número 13.

wrightiana; queda asumida como poso original de una estructura organicista, con matiz fuertemente expresionista, que empieza a flotar y moverse con voz propia en las evoluciones de las plantas. Arranca una sinfonía de carácter próximo a estructuras de la naturaleza, cuyo desarrollo natural a lo largo del tiempo hace que las piezas evolucionen, crezcan y encuentren su acomodo y mejor forma para la función que deben acometer a lo largo del tiempo. Aquí aparecerán unas nuevas coincidencias con Wright, pero también con Le Corbusier y Utzon y Moretti... ya pertenece a un momento propio dentro de un lenguaje de época.

Así ya en la planta del croquis 13 hay una clara vuelta a la planta en L en la que los brazos de esas cuatro viviendas volverían a leerse casi como piezas separadas y a la vez relacionadas entre sí por formas de articulaciones más blandas. En algún momento alguna de las plantas nos puede relacionar con un cierto Portoghessi, de un carácter mucho más barroco. En algunos dibujos hay también los aires de Scarpa y Claude Parent. El espíritu de la época acompaña la investigación.

Es posible que ya en este momento empiece a intervenir el proyecto de las Escuelas de Batán interfiriendo de un modo inconsciente con el proyecto residencial de Torres Blancas.

En esta publicación de Carlos de Miguel aparecen los comentarios de personas de su aprecio, que muy probablemente participarían en

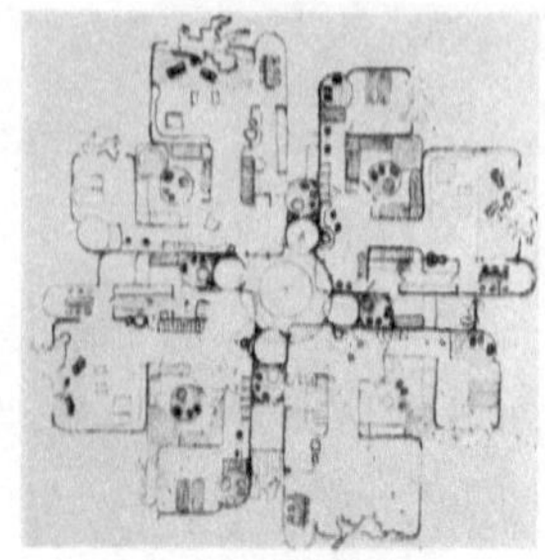

Croquis número 14.

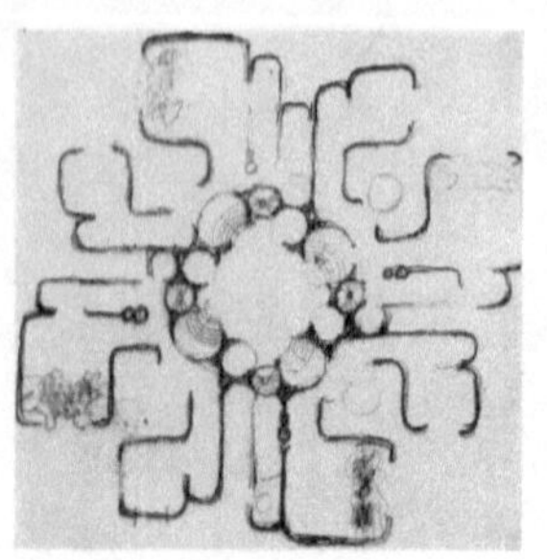

Croquis número 15.

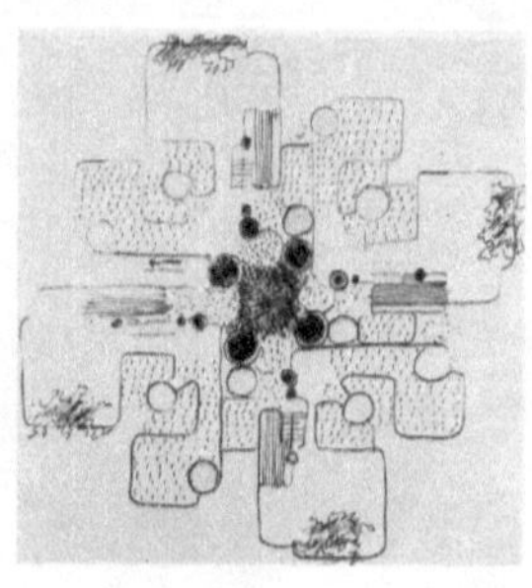

Croquis número 16.

la Sesión Crítica que se realizó en el Colegio de Arquitectos sobre este edificio.

Así Francisco Fernández Longoria habla sobre lo que le interesa en Oiza y es "la tormenta de la duda".[18] Es fundamentalmente una duda apasionada. Es un afán de síntesis, a partir del cual todos los enfoques parecen válidos."

En Oiza junto con la duda estará siempre presente la contradicción. Es una torre pero es la idea de Ciudad Vertical. Desea lo individual y lo colectivo. Propone un rascacielos pero hecho a mano. Sáenz de Oíza solía contar como anécdota de cómo en una visita a la Torre uno de los albañiles exclamo': "Lo malo es que esto no hay quien lo tire". Defiende la técnica y el proyecto es artesanal. Cuando habla de García Lorca y James Joyce[19] lo hace desde admiración en ellos de la desaparición del autor y sin embargo el autor está muy presente en todo lo diseñado en Torres Blancas.

F. Longoria afirma que falla el programa pero creo que es de un modo distinto al que el dice.

[18] Contradicción y Contrapunto en las Torres Blancas. Francisco Fernández Longoria. Revista Arquitectura. COAM. Número 120. Diciembre 1968. Pg 3.

[19] Ver tesis doctoral del arquitecto uruguayo Alejandro Ferraz Leite sobre las lecturas de Oíza, que he codirigido con el profesor Miguel Martínez Garrido en la ETSAM, año 2014.

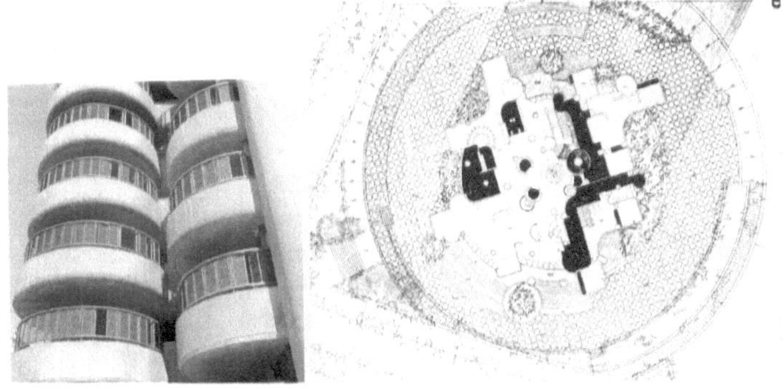

Planta con torre en el lugar. Estudio de capitel fungiforme en pilares de terraza.

En relación con la manera de disponerse la torre en el lugar habría que hacer una consideración. Es la cierta indiferencia en el emplazamiento, en la orientación y en la relación de la torre con el entorno. Al quedar refugiada en el centro de la parcela no propicia la existencia de locales comerciales o vida en relación con la calle lo que le proporciona una gran autonomía. Es un pensamiento muy distinto en la actitud hacia el contexto en Oiza. Incluso su edificio más abstracto, el Banco de Bilbao, nace estructuralmente forzado por el ancho de vías del ferrocarril sobre el que surge el edificio de oficinas.

Queda de la observación de estos croquis cómo el estudio de un proyecto en planta llevará a una Torre de gran protagonismo formal, y como Torres Blancas es un edificio hecho de un único material o casi así lo parece. Es una torre de hormigón.

Torres Blancas desde la Avenida de América. 1965.

PLANOS PRESENTADOS AL COLEGIO DE ARQUITECTOS

El edificio de Torres Blancas, de gran fuerza expresiva en el orden
volumétrico y formal es resultado también de una lucha feroz en planta
como se deduce de los croquis previos. En ella o ellas se trasluce el
debate entre la búsqueda de la planta libre en una vivienda unifamiliar y
el "pie forzado" al que se pliega el arquitecto obligado a trabajar en una
forma en L, de antemano. Esto dará lugar a soluciones con apreciables
diferencias. Las viviendas dúplex, en torno a 350 metros cuadrados
(en construcción serán más dado que se aumentan las superficies de
terraza) y las menores de unos 100 metros cuadrados ofrecen una gran
sensación de planta libre. En el caso de los pisos dúplex, toda la planta
baja es una gran planta libre. Los apartamentos más pequeños mues-
tran también una distribución muy flexible. Las plantas altas del piso

dúplex, zona de dormitorios, se distribuyen en forma de L, y así también los pisos de superficie en torno a 200 metros cuadrados en donde un brazo de la L es zona pública de la casa con espíritu de planta libre y la zona de dormitorios más pendiente de distribuciones.

Del ejemplar visado en el Colegio de Arquitectos podemos entender que los planos se han realizado en fechas distintas y así se refleja. El más antiguo de fecha, por ejemplo, es el alzado sureste de 9 de diciembre de 1963 y también los planos de planta denominados B12 y B13 correspondientes respectivamente al plano del Núcleo Social y a la planta de la zona restringida del promotor. Repasemos a continuación una selección de los planos visados incorporando a la lectura de los mismos aspectos de lugar y tiempo.

Plantas del piso dúplex

Desde luego es difícil encontrar viviendas idénticas en Torres Blancas. La construcción entera era de un gran carácter artesanal. Sáenz de Oíza tenía su propio sistema de medidas en los planos y los topógrafos preferían usar el suyo. Sin llegar a un acuerdo fácil cada uno iría por su cuenta con un Oíza avisando que lo importante y la última palabra la tendría él en caso de discrepancia. Los trabajos se desarrollaron con la natural complejidad apoyados por el aparejador Fernando Pallol, años más tarde arquitecto y recientemente fallecido. Sáenz de Oíza además contribuía a efectuar cambios siempre que se pudiese. Tenía una manera de trabajar entre arquitecto, escultor y pintor o director de cine. Así la obra se podía cambiar, en variaciones sobre la base inicial. Eso implicaba muchos riesgos económicos y mucha paciencia por parte de todos. No obstante todo el mundo era consciente de que el que más trabajaba "cambiando "era el propio Oíza, que vislumbraba permanentemente asuntos nuevos. En la actualidad la mayoría de los vecinos han transformado notablemente las casas de tal manera que encontrar una original es prácticamente tarea imposible.

La puerta de ingreso a la casa, baja, invita a agachar la cabeza antes de entrar. De inmediato percibimos un doble espacio luminoso que nos sorprende. Nos encontramos en el vértice del espacio en L eligiendo visualmente entre las dos direcciones. Un pasamanos de latón, como

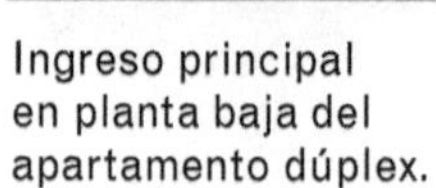

Ingreso principal
en planta baja del
apartamento dúplex.

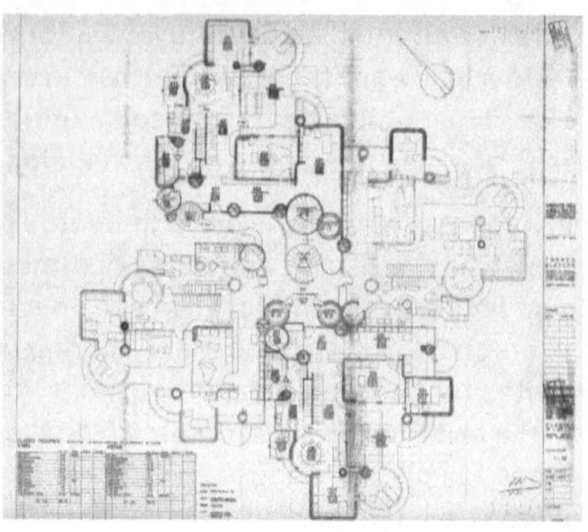

Plano C3. Planta baja del apartamento dúplex.

algunos de Wright, acompaña la escalera del dúplex. Esta escalera nos
recibe de forma lateral desde el acceso al piso; una meseta nos con-
forma el primer espacio y separa la pieza de entrada. Los peldaños de
madera enteriza recubren la escalera. Lateralmente tiene un impercep-
tible vuelo cada peldaño sobre el piso inferior.

Avanzando entre estos espacios públicos las perspectivas visuales
son múltiples. Sorprende la gran luminosidad y la secuencia espacial
desde una habitación viendo la terraza, otro espacio y el aire exterior
de nuevo. Acompañan a esta visión las preciosas carpinterías de suelo
a techo complementadas por unos cuidados cubrerradiadores de
madera. El techo continuo en escayola se interrumpe con cuidado al
encuentro de las carpinterías.

Estas plantas son prácticamente idénticas a lo construido. De los planos c3 y c4 que corresponden a los planos de "acabados" de los pisos
dúplex, podemos conocer algunas dimensiones. La escalera principal
del edificio tiene un diámetro de 3,00 metros, como la escalera de servicios e incendios –realmente esta última resulta unas escalera muy de
servicio–. Oíza denomina a la escalera exterior, de "escape "y es de un

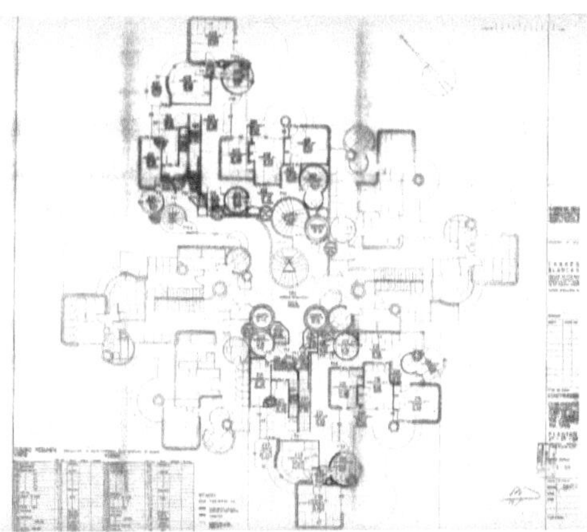

Plano C4. Planta alta del apartamento dúplex.

diámetro de 1,80 metros. Las cabinas circulares de los dos ascensores principales y del montacargas tienen 1,65metros de diámetro. Recuerdo que en esa época los ascensores estaban entre los más rápidos de Madrid probablemente y producían bastante impresión en su uso.

La única diferencia en la planta baja es que no se construyó la puerta que se dibuja entre el comedor y la cocina. Sáenz de Oiza comentaba muy a menudo este hecho. Otra diferencia podía ser que no contemplan el dibujo de la chimenea francesa que se construyó en el estar.

Quizá es curioso sobre los acabados que se apuntan, ver que Oíza proponía el gres como pavimento en la zona de ascensores y la cerámica en terrazas. De alguna manera son materiales empleados en la Avda de Portugal por ejemplo. Sin embargo en ambos casos serán "lajas de pizarra", subrayando las idea de casa o vivienda unifamiliar en el paisaje con materiales de transición de cierta "rusticidad". En estos planos no se dibujan los cubrerradiadores de madera o grandes piezas que contribuyen con mucho a los acabados del piso. Hay pequeños cambios también en la zona de antedespacho, en busca de mayor espacio de planta libre. De hecho toda la planta baja es una gran planta libre.

Desde el acceso se vislumbran los dos espacios de la L y una barandilla latonada muy protagonista, que ya hemos visto. Vemos también que se rotula el hueco dedicado a montaplatos en la cocina. Se trata de un pequeño conducto de 75 cms. de diámetro que relacionaba las cocinas de los apartamentos con el restaurante de la planta superior. En este momento utilizo la palabra apartamento dado que era muy frecuentemente utilizada por Sáenz de Oíza, en el caso de Torres Blancas. Oíza a lo largo de una conversación matizaba mucho y distinguía frecuentemente entre casa, villa, piso, apartamento... Cuando hablaba de Torres Blancas aunque luchaba por tener un poco de varias cosas, creo que habitualmente empleaba el término apartamento puede que considerado desde un punto de vista americano.

Las terrazas de la planta baja son muy amplias. En alguna ocasión en los primeros años se podía comer en torno a una gran mesa los domingos de buen tiempo, al exterior. Con el transcurso de los años los problemas de aumento de tráfico con su ruido hicieron más incómodo ese uso.

En la planta alta del dúplex hay también ligeras diferencias en la distribución de alguno de los aseos.

Sáenz de Oiza elegiría para vivir una vivienda en orientación sur, un dúplex del cuarto piso.

Cabe ahora citar el movimiento peculiar del brazo de la L para las viviendas que darían a Norte. En el proyecto se complejiza haciendo que la L se distribuya hacia levante y distribuyendo la zona de servicios hacia poniente haciendo de espacio protector. Estos espacios protectores nos permiten recordar el ancho de fachada en Torres Blancas y en otros edificios de Oíza; el "espesor de fachada", es un concepto fundamental de su arquitectura.

Las cocinas tienen un aire de laboratorio o de lugar más técnico. La luz que reciben es anaranjada, fruto del pavés (hay elementos cuya limpieza no estaba correctamente pensada como éstos). Se elige un gresite pequeño en un verde oscuro tipo cuadro de Juan Gris, y una pieza verde manzana cerámica reviste la superficie de las paredes. Sobre las encimeras de gresite unas placas eléctricas, dos juegos dobles de placas, repartidas a lo largo de la longitudinal cocina. Un aparato triturador junto a la encimera, haciendo de doble encimera, junto al seno del grifo

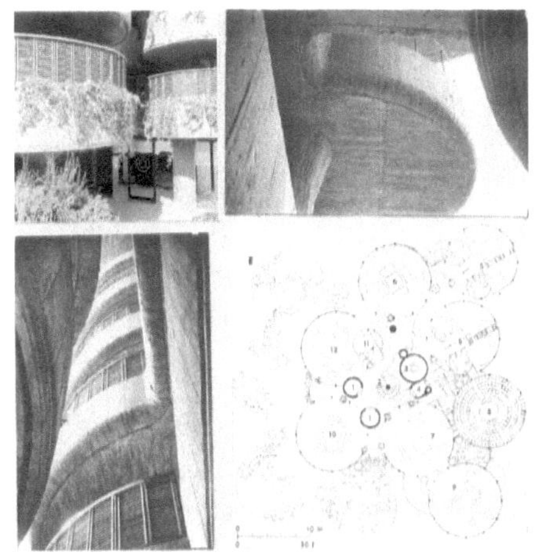

Apartamento de 90 m². Estado actual.

Apartamentos zona Huarte en planta 23.
Detalles fotografiados por Sáenz de Oíza.

principal de cocina. Una gran mesa plegada sobre la pared y un montaplatos que conecta con el restaurante. Ventanas estrechas horizontales
abatibles totalmente y alguna más con las preciosas bisagras nórdicas.
Las terrazas se cerrarán visualmente con persianillas de madera de teca.

Plantas de apartamentos pequeños

En Torres Blancas queda presente algo de los dormitorios de dimensiones mínimas de las viviendas experimentales y de la época de los
cincuenta. Era Oíza un personaje austero que entendía a la manera de
"celda" el mundo de protección del sueño. Pero ello supuso un cierto
obstáculo en la venta de las viviendas a la atmósfera de clase media
alta que acudía a visitar el edificio.

Las viviendas de ochenta metros cuadrados tienen dos dormitorios con
dos cuartos de baño. El dormitorio principal queda separado del salón
por una gran puerta de corredera doble aunque en planos figura una
hoja sencilla. Así desde la entrada de la casa hay una gran dimensión

longitudinal conseguida con la concatenación de espacios mediante juegos de correderas dobles y triples. El segundo dormitorio es estrecho en varios casos (1,80 metros) como los realizados en las viviendas sociales o mínimas. El cuarto de baño de este dormitorio, en gres, incorpora todo el espacio como de ducha, teniendo que renunciar a la bañera. Los grifos quedan incorporados al gresite en las duchas del dormitorio principal y son quizá los elementos húmedos los que transmiten una atmósfera de las piezas de Le Corbusier. Los suelos de toda la casa, como en todo el edificio, son de madera de haya.

Corresponde al modelo de ocho apartamentos por planta. En su denominación Oíza los llamará apartamentos A88 y A120 ya que su superficie construida es de aproximadamente es de ésos metros cuadrados. Además existen dentro de la misma planta los llamados AK y A120 K con pequeñas modificaciones de superficies. Alguno de estos apartamentos tiene una superficie de terraza bastante grande. En otros casos además se da la circunstancia de no tener encima otra terraza por ser el último de su tipo y resulta espacialmente el lugar mayor de la vivienda. Como todos los pisos cuenta con montaplatos.

Las plantas del Núcleo Social

El plano b12 que es de la planta de Núcleo Social de la torre (de 9 de diciembre 63 y visado en 17 Marzo de 1964) se refiere en un texto de la cartela a bar restaurante, locales comerciales, residencia planta baja. Luego entre los usos que aparecen dentro del plano están los de snack bar, restaurante cafetería, pista de baile, drug-store primeras provisiones, peluquería-sauna, cocina de restaurante, office de restaurante, lectura, hall de público, escalera de enlace entre plantas.

El plano B13 A corresponde a la planta 23 cuyo título es" Núcleo social", Piscina-solarium residencia. Es de 9 de diciembre de 1963 y visado también el 17 de Marzo de 1964. Esa planta corresponde a seis apartamentos circulares y dos piscinas circulares también con sus terrazas. Los apartamentos corresponden dos de ellos de un dormitorio y cuatro apartamentos de dos. En estos planos se incorpora una escala gráfica en el margen superior derecho como en todos, incluso en el alzado más wrightiano.

Con fecha 14 de Febrero del 64 y visado de misma fecha que el núcleo social, Oíza incorpora un dibujo esquemático que identifica una planta como "entreplanta de instalaciones". Es un dibujo muy de la época. Posteriormente en obra se añadieron unos aseos del personal de restaurante que comunicaba por una pequeña escalera auxiliar. Además en esta planta, abierta en todo su perímetro se colocaron parte de los cuartos de contadores eléctricos y conductos que recogían las ventilaciones de shunt y cocinas de las viviendas con unas extracciones mecánicas.

Sección del Núcleo Social

El plano de remate, es un detalle de sección del cuerpo superior dibujado a lápiz a escala 1:50 que Sáenz de Oíza denomina NS (núcleo social) y es de fecha 15 de noviembre de 1966. Los usos que describe sobre el plano en la planta 22 son de restaurante, galería comercial, manicura y peluquería.

Existen unos planos visados el 17 de Marzo de 1964, pero en la sección del remate del núcleo social la fecha del visado es de octubre de 1970 cuando, es de suponer, se legaliza el uso como comedor de las plantas

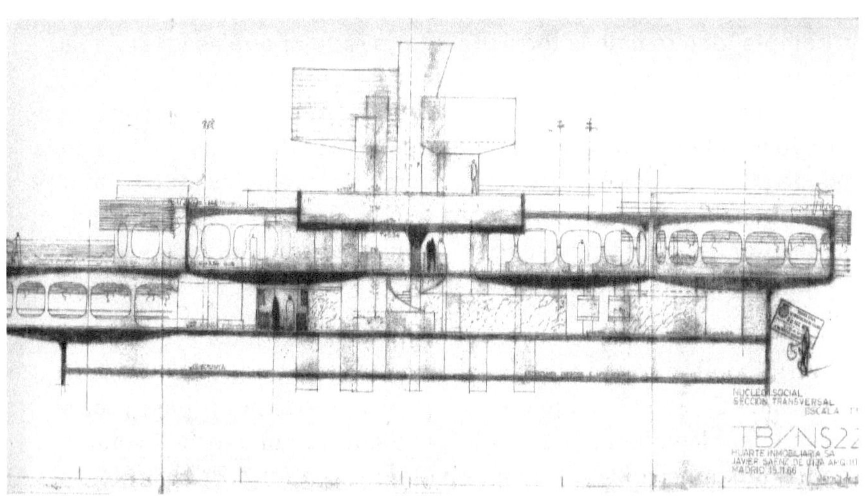

Plano NS 22. Sección del Núcleo Social.

altas del edificio. Si nos fijamos en esta sección en la planta 23 (que
está a 3,24 metros sobre la anterior) las funciones escritas a lápiz son
de club, hall de público (exposiciones) y sala de reuniones.

El modo en que se dibuja la forma del techo aunque no coincide con
el construido sí refleja la voluntad de "protagonismo de la forma "que
deseaba Sáenz de Oíza, para los dos niveles. La estructura confor-
mará ese espacio con un techo curvo. El nivel de las últimas terrazas
está a +6,48 sobre la planta 22 tomada como cota cero de ese plano.
El nivel superior de la piscina está a +7,29 señalando el nivel de agua
a +7,20 metros. El eje de la composición queda marcado como eje
de chimeneas y escalera de incendios. Esta sección recoge de una
manera más fidedigna lo construido aunque tampoco es exactamente
así lo realizado.

Sección de la torre

Sáenz de Oíza presenta una sección para el Visado en el Colegio Oficial de Arquitectos muy escueta. En una persona que le gusta dibujar
y que ha realizado unos planos de gran belleza resulta un dato de interés ese pretendido esquematismo.

El dibujo de esta sección esconde, puede que voluntariamente, toda
la complejidad real de la torre. Parecería reflejar que es un sistema
de apilamiento de plantas en L sin mayor preocupación. Sin embargo
esto no es así. Para Oiza la secuencia de espacios en Arquitectura es
uno de los elementos constitutivos esenciales de la misma. Los collages de Mies van der Rohe, como capotes de toreo, llevando el interés
de secuencia en secuencia, como Le Corbusier y Picasso incorporando el color y la acústica visual, serán lugares admirados y revisados
continuamente por Sáenz de Oíza.

Por otra parte esta sección no refleja preocupaciones y soluciones
de Wright como en la sección del rascacielos para la Nacional Life
Insurance Co., en Chicago de 1924. Aquí aparece por primera vez el
apunte para la solución de bandejas voladas en una torre. Evidente-
mente debemos ver la torre de San Marcos y la torre Price junto a las
ideas que había avanzado Wright en el Hotel Imperial. Era frecuente

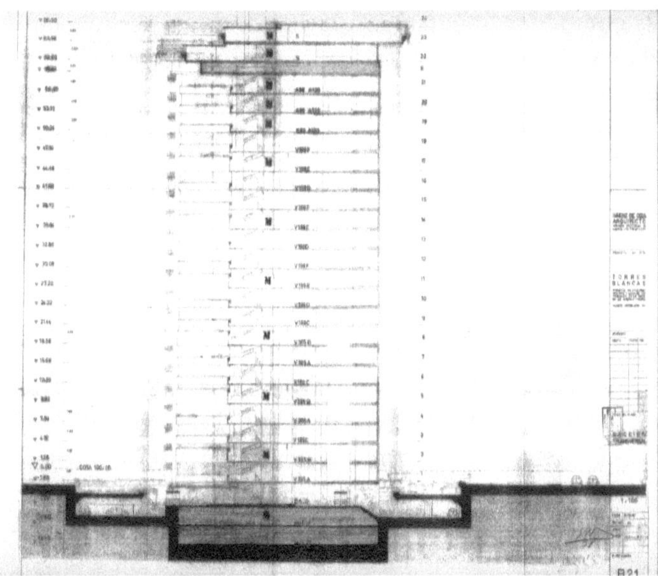

Sección presentada en el proyecto visado del Colegio de Arquitectos de Madrid.

oir hablar a Oíza del ejemplo de un camarero llevando con los dedos una bandeja llena de copas, citando al maestro americano, y efectuar a partir de ello una reflexión sobre el equilibrio natural de fuerzas. Recuerda en cierto modo a la idea construida como soporte de la techumbre en la sala de reuniones del Ayuntamiento de Saynatsalo, por Alvar Aalto.

En las plantas figura la fecha de 29 de enero de 1964, y en la sección 26 de febrero de 1964. La sección muestra con claridad una Torre que nace desde un centro hundido y rodeada por un anillo de aparcamientos. En su dibujo resulta una sección increíblemente escueta. No hay dibujo de las terrazas con claridad. Tanto en los alzados como en la sección no parece que haya un interés en dibujar las calles de borde expresamente. En esta sección podemos entender la idea principal de la torre de comenzar hundida, desde lo profundo, como Aránzazu. Si

para Le Corbusier como dice Josép Quetglas entrar en el edificio es
subir, para Sáenz de Oíza el acceso es siempre descendiendo o por
lo menos agachándose. Incluso en las casas unifamiliares como es el
caso de la Casa Echevarría en la urbanización La Florida de Madrid. En
su cimentación la torre aparece apoyada en una gruesa línea negra.

La altura de la Torre en la coronación a nivel de planta de la piscina es
de 66, 50 metros. En este plano es importante ver que la altura entre
pisos es de 2,88 metros, una altura muy escasa.[20] Cuando se entra en
las viviendas, que incorporan unas cuidadas escayolas en el falso
techo, se aprecia una altura de piso muy justa. Hay algo de los tama-
ños pequeños de las casa de Frank Lloyd Wright. En la entreplanta la
altura es de 1,80 metros para las instalaciones, como años más tarde
hará en el Banco de Bilbao en aplicación de la normativa urbanística.
Sáenz de Oíza comentaba sobre este hecho el error de exigir una altura muy escasa para evitar que el promotor construyese ilegalmente un
piso más en una segunda oportunidad. Pero ello llevaba a unos problemas para el montaje y mantenimiento de las instalaciones que hizo
que con el tiempo esa normativa se corrigiese.

Resulta significativo que Oiza calcule y refleje en el plano de planta
de cada estancia los metros cuadrados y también los metros cúbicos
tomando como altura dos metros setenta centímetros. Las ordenanzas
clásicas siempre habían hablado de metro cúbico frente a metro cuadrado. No obstante aquí la preocupación por la sensación de espacio
en volumen es difícil de entender. Siendo por ejemplo los dormitorios
muy pequeños Oíza dibuja unos armarios que no llegasen al techo con
objeto de aumentar la sensación de espacio disponible.

En el garaje dibujado intuimos unos coches modelo Wolkswagen
escarabajo que coincide con el que tenía Oíza en ese momento, vehí-
culo que utilizó durante muchísimos años. En esta sección se aprecian
dos sótanos dedicados a instalaciones.

El primero dispone de una gran parte de pequeños trasteros. En el
segundo sótano están las calderas de calefacción. El sistema de ascen-
dentes quedaba sectorizado en cuatro verticales distintas, una por cada

[20] De hecho, creo que esta es la altura que utilizamos años después en las viviendas
sociales de la M30 en Madrid.

ala de la casa. La instalación eléctrica estaba fundamentalmente en la entreplanta. Algibes, depósitos y piezas complementarias se reparten en los alrededores del anillo del garaje. No obstante nada de esto quiere reflejar tampoco Oíza en la sección. Será en la planta en donde este sistema vertical se manifieste, acompañado de biomórficos tubos de alimentación, que nutrirán las hojas de este árbol de hormigón.

Alzado

El llamado "alzado sureste" (9 de diciembre de 1963 y visado el 17 de marzo de 1964) ofrece un carácter marcadamente wrightiano. Efectivamente la obra comienza con unos encofrados en las terrazas que hacen una figura decreciente o poligonal que recuerda a las bandejas del arquitecto americano. Pero la dificultad constructiva llevó a que se realizase unicamente en las primeras plantas y luego se cambiase a un encofrado con borde curvo que simplificó en buena medida la construcción. Así Oiza siempre hablaba del alzado de croquis como el que realmente le gustaba, en vez de este plano.

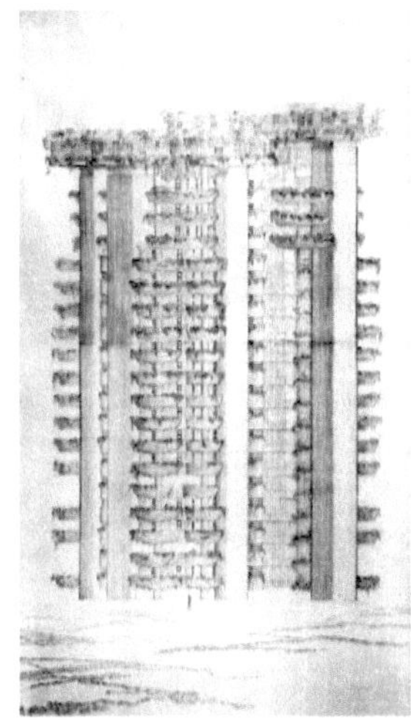

Alzado en dibujo inicial. Influencia *organicista* en Wright.

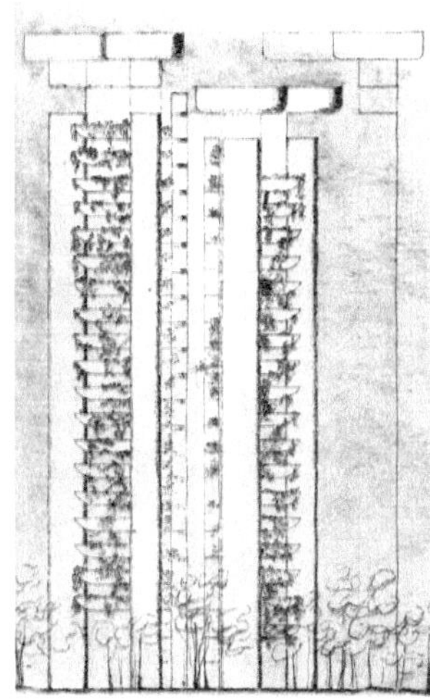

Alzado en dibujo final. Más cercano al *plasticismo* de Le Corbusier.

LA VIDA EN TORRES BLANCAS

EL BARRIO

En la época de construcción, el solar en que se iba a edificar la torre estaba en lo que en ese momento era el extrarradio de Madrid. Se llamaba más como la carretera de Barcelona y también del Aeropuerto de la ciudad.

Por otra parte un gran descampado permaneció junto al edificio construido durante años. En el transcurso del tiempo se construyeron unas viviendas de Rafael de la Joya en ese solar previsto para la segunda torre y después las oficinas. Más recientemente se ha construido en otra parcela adyacente el Hotel Puerta de América finlizado por Jean Nouvel y un equipo de grandes figuras de la Arquitectura para grupos de habitaciones por plantas.

Se ha comentado alguna vez la "fortuna" que de alguna manera ha tenido Sáenz de Oíza en los emplazamientos de sus edificios, lo cual es cierto y ha sabido aprovechar. Así el edificio Torres Blancas en la salida de Madrid hacia su aeropuerto y la carretera de Barcelona, el BBV en el eje de la Castellana, el Auditorio –Teatro de Festivales de Santander en primera línea de la Bahía, el edificio de 346 viviendas en la vía de circunvalación M30, la sede de Consejerías en Sevilla haciendo de fondo de perspectiva del río desde el puente de Triana, Auditorio de Las Palmas... Siendo cierto podemos ver que con la misma suerte del emplazamiento el Hotel Puerta de América de Jean Nouvel ha tenido menos suerte. Aquí el promotor ha tenido menos suerte que el promotor Huarte.

En frente de Torres Blancas estaba situada y lo sigue aún el Club Escuela de Deportes Apóstol Santiago. Ligado a una familia de ascendientes vascos, disponía de un gran número de frontones cortos y largos, cubiertos y descubiertos. Durante años han constituido la compañía menos disonante al edificio Torres Blancas. Debido a la especial protección de zona deportiva, se ha impedido que se construyera una fachada enfrente, en paralelo a Torres Blancas, con una altura análoga como hubiese sido lo habitual en estos casos. Los terrenos del club deportivo llegaban hasta el lado de la Torre y tras múltiples problemas y años sin haberse construido, sobre ellos se ha realizado el Hotel que ya se ha comentado. También ha contribuido a perjudicar una cierta imagen de torre exenta que ha tenido durante muchos años. No obstante el resultado final es que esta pequeña zona ha ido sufriendo un deterioro en la calidad arquitectónica. Sáenz de Oíza alguna vez comentaba que quizá era una torre para otro carácter de barrio. No obstante siendo hoy un barrio modesto tiene bastante vida familiar que hace agradable residir en él.

Recientemente el Ayuntamiento de Madrid, con asesoramiento de Ricardo Aroca como Decano del Colegio Oficial de Arquitectos de Madrid, ha concedido el nombre de Plaza o jardín de Sáenz de Oíza al pequeño parque resultante junto al Hotel.[21]

JARDÍN DE LA TORRE

Oíza protege la torre con un amable foso que la rodea. Alguna vez reflexionaba cómo una de las misiones fundamentales del arquitecto sería defender el territorio o la propiedad con la Arquitectura.Y sugería que el hecho de arrancar la Torre desde abajo y conformar un perímetro de naturaleza hundida, iba a reforzar la independencia de la parcela del crecimiento urbano.

El hecho de disponer la Torre en el centro aproximado de esa parcela obtenida de la segregación del solar disponible por Huarte, permite estudiar el perímetro de la misma en relación con el modo de encuentro entre el edificio construido y el terreno circundante. Aparentemente el replanteo del edificio está realizado de manera que disponga unas distancias similares entre la Avenida de América y la calle Corazón de María, su paralela. Por el contrario ofrece más separación hacia la pequeña plaza al oeste, otorgándole de alguna forma el carácter de principal. Finalmente el edificio en su cara Este quedará más próximo a la zona que iba a ser destinada a un proyecto de seis alturas resultando entre ambos una relación de proximidad. En esta fachada y su opuesta se diseñan dos rampas curvas de acceso al garaje.

Existe aquí un manejo complejo entre la geometría ortogonal de las grandes láminas de hormigón, como grupo de cuatro escuadras o plantas en L, con un mundo simultáneo del círculo. En la fase última de

[21] Sobre el uso del nombre del arquitecto, en el año 2013 también aparece una gran calle en Valdebebas (Madrid), gracias particularmente al esfuerzo de la familia Cort.

Jardín exterior en foto de época.

su carrera Oíza recurrirá a esta idea pero empleada de una forma más abstracta en los casos de Torretriana en Sevilla –cercana en planta a cierto Le Corbusier– o a pequeña escala la vivienda del profesor de geometría Fabriciano García en Torrelodones (Madrid) –con resonancias formales aquí de los mundos de L. Kahn y Mario Botta.

Desde el punto de vista del diseño sugiere de forma inmediata la atmósfera wrightiana. La manera de diseñar con circulos de hormigón de árido visto, creciendo el césped en los espacios resultantes recuerda algunos jardines de edificios del maestro americano; también el diseño de las fuentes de mármol enterizo y algunos peldaños dispuestos diagonalmente contribuyen a esa sensación. Además el sistema de contención de los diversos muros de borde y las plataformas que enlazan desde las calles hasta las entradas ocultas a la torre colabora a ese carácter de arquitectura adaptada a la topografía con una geometría que hibrida los mundos racionales e irracionales. Unos grandes cilindros horizontales cierran este jardín en su relación con la ciudad.

El jardín es una pieza que está intimamente relacionada con el garaje. Es la coronación del mismo y en gran medida reflejo de lo que sucede bajo la naturaleza vegetal.

GARAJE

Funciona con dos rampas independientes en forma concéntrica con el edificio y su pavimentación es de acabado hormigonado con pequeño árido visto. Las rampas exteriores, muy tendidas, acercan a unas puertas excesivamente bajas añadidas años más tarde. El garaje está distribuido en forma de un anillo paralelo a la Torre ligeramente separado de ella. Este anillo no es horizontal; tiene una pendiente ligera en sentido de la calle exterior, siendo así un plano continuo levemente inclinado. Sobre el garaje está el jardín de clara inspiración en los mundos wrightianos y que como se ha dicho salva algunos desniveles.

Para sujetar este jardín y dar techo al garaje se dispone de una estructura radial sin pilares de un vano bastante considerable. Construirá así dos muros de contención, rectos, junto a las rampas curvas y una estructura formando un anillo perimetral muy próximo a la torre que hace la función de gran viga de canto y que se apoya ocasionalmente en un gran soporte. El garaje se realiza por tanto sin pilares intermedios y con gran luz natural que resbala desde el nacimiento de la torre. La altura libre es bastante amplia y la estructura de vigas poderosas de canto se hace presente en el techo. Unos lucernarios circulares cubiertos por una cúpula de plástico contribuyen a mejorar la iluminación natural. El pavimento del garaje de hormigón con el árido lavado hace el mismo juego de piezas circulares del jardín, dando una gran calidad al aparcamiento. Su funcionamiento es muy cómodo girando los coches fácilmente alrededor de la torre en un único sentido. A este nivel de coches corresponde el acceso de servicio enlazando de una manera bastante prosaica al montacargas.

En la idea de una casa clásica, con planta baja principal y escalera noble desde la baja a la primera, los ascensores no descienden hasta el garaje. El acceso normal desde éste a la casa se realiza mediante dos escaleras exteriores. Una de ellas tiene carácter de principal, hacia la Avenida de América y otra bastante estrecha en la calle Corazón de María.

Foto de la torre desde el óculo del garaje en construcción.

Estado actual del garaje. Grandes vigas de canto apoyadas en vigas anillo de borde.

Portal hacia las puertas de acceso a la escalera del garaje. Actual.

PORTAL Y PUERTAS

El espacio de entrada ha sido para Sáenz de Oíza un "lugar" y además trascendental en la historia de la arquitectura. La separación y relación entre los ámbitos público y privado es un asunto recurrente en muchas de sus clases y conversaciones. Nociones como zaguán, umbral, puerta, pórtico... ("El umbral es cosa sagrada", era casi la oración de inicio de sus clases), constituyen palabras mágicas en las divagaciones de Oíza.

Por ello realiza una entrada sorprendente al edificio entre lo onírico y lo táctil en el interior y de atmósfera de portada de disco Long Play en el diseño exterior. Habitualmente los japoneses que visitan el edificio dentro del portal dicen la palabra Gaudí.

En el diseño de las puertas de ingreso hay mucho diseño de época, en particular de las publicaciones de la revista Domus de aquellos años. Hay pruebas de hojas de paso con los bordes redondeados tipo el utilizado en náutica en diseño de los huecos seguros en un buque. Un sistema de carpinterías de madera, con los bordes curvados, y las puertas con grandes círculos de latón sobre fondo de cristal con velo rojo, invita a ir preparado para acceder a un mundo entre años sesenta e incluso de un cierto Hans Hollein o mundo del detalle sofisticado. El color de las puertas se mueve entre un berenjena al duco de las carpinterías y el uso del amarillo y rojo en la zona de vidrios. Oíza hubiese querido usar vidrios de esos colores, aunque, carencias de la época, tuvo que intercalar una lámina roja entre ambos vidrios.

En el acceso desde Corazón de María se propone también la denominada en su época "entrada de servicio". Para ello Oíza propone una bajada difícil de tipo rampa en curva con objeto de descender objetos pesados en "carros con rodamientos".

Los pavimentos de la zona de ingreso están realizados en mármol blanco en despiece de gran formato y dispuesto tanto en el exterior como en el interior. Ya dentro hay un cuidado despiece de los mármoles verticales haciendo de zócalo con un encuentro curvo en el remate con el mármol del solado.

En la publicación sobre el proyecto de la Capilla del Camino de Santiago hice ver la importancia que tuvo dentro del momento italiano, la obra y el papel de editor del arquitecto Luigi Moretti en el edificio de Torres Blancas,[22] tanto desde el punto de vista del portal, del que hablamos aquí, como en aspectos generales de más trascendencia. En mi opinión la obra de los apartamentos S. Mauricio (Roma 1961-1965) de Moretti va a influir tanto en Torres Blancas, como en el edificio proyectado por Oíza para la Castellana, como en las viviendas de Rafael Moneo junto al río Urumea en San Sebastián. Dentro de la amistad y afinidad entre Bruno Zevi y Juan Daniel Fullaondo debemos suponer simultáneamente vigente la rivalidad entre Moretti y Zevi como desencadenante y toma de posiciones entre Oíza, Moneo y Fullaondo en la época de Torres Blancas.

[22] Un mito moderno. Una Capilla en el Camino de Santiago. Fco. Javier Sáenz Guerra. Fundación Museo Jorge Oteiza. Noviembre 2007. Pgs 245-251.

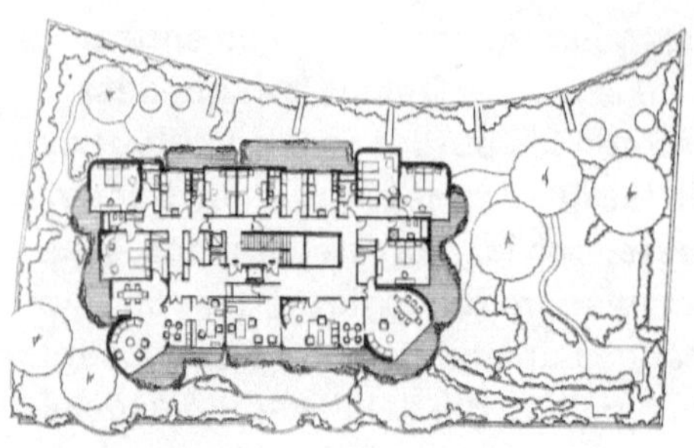

Planta Palazzina San Maurizio en Monte
Mario. Roma, 1962. Luigi Moretti.

Palazzina San Maurizio en Monte
Mario. Roma, 1962. Luigi Moretti.

Como primera impresión la atmósfera del portal en su interior es bastante blanca, muy luminosa, con una nota de color en la portería. Podía parecer que disponer el portal en el centro de la torre iba a producir un espacio oscuro, serio, en maderas cálidas, pero de difícil luz natural. La sensación es por el contrario de gran luminosidad. Primero se debe atravesar un espacio de dobles puertas, un pequeño vestíbulo, en las dos entradas. Esta pieza es pequeña, y la primera vez uno puede pensar que se va a dar en la cabeza. Juan Daniel Fullaondo hablaba de "muelas". Venía a decir que Sáenz de Oíza lo mismo había tenido un dolor de muelas. Efectivamente la idea de "boca", de "entrar" está siempre en la puerta de un edificio. Además la forma puede recordarnos, aunque no a mí, a grandes piezas de marfil. Otros parecen pensar en un cierto carácter de hongos. Y tiene una cierta atmósfera rara tipo "Gaudí "con la que resuenan mucho turista japonés cuando entra al edificio como ya he comentado. Unos despieces de gran tamaño de mármol blanco de Portugal son el precioso pavimento de entrada. Unos triángulos de latón en el centro parecen llamar a la punta de nuestros zapatos para tropezar. La extraña forma triangular del espejo apoyado en esa pieza de latón nos invita a rodearla. Así descubrimos unos peldaños curvados que nos empujan, un poco como olas, pero que si miramos hacia arriba una columna de lunas redondas, grandes globos blancos iluminados, nos sorprenden en un espacio sin fin.

Detalle Palazzina San Maurizio en Monte Mario.
Roma, 1962. Luigi Moretti.

Portada Revista Spazio número 6.
Director Luigi Moretti.

Inmueble en la Castellana, Madrid.
Sáenz de Oíza.

Portal en construcción. Salida hacia la Avenida de América.

Las puertas de entrada tiene unos tonos amarillos y rojo, más granate quizá en origen, que recuerdan los colores usados por Wright numerosas veces, como en "Florida Southern Collage" en Lakeland que lo llama Wright "Child of the Sun".

Forma parte del diseño del portal, como se ha comentado, la especial pieza de portería, en un puesto de vigilancia de la entrada principal y

Ejemplar de la oposición presentado por Sáenz de Oíza.

de la de servicio a través de pequeños óculos. Junto a ella se distribuye la zona de buzones de cartas, el especial espejo enmarcado en latón como eje magnético de la torre y los ascensores en tonos rojos anaranjados.

Algunos elementos han sufrido el deterioro del tiempo y no se han mantenido con fidelidad al origen. Por ejemplo, el techo del ascensor estaba realizado en toda su forma circular en alabastro, sujeto mediante maderas pintadas en color oro, proporcionando una luz matizada. Hoy un plástico ha quitado calidad al conjunto así como la botonera del ascensor sustituida por un elemento continuo en acero inoxidable brillante casi de suelo a techo. En origen para marcar un piso existían unos pequeños botoncitos blancos con tinta negra, con carácter de época y donde hay que pulsar con cuidado cada botón. Hoy día los puntos de luz se diseñan de tal manera que un manotazo a la pared es suficiente. En cuanto a la velocidad de los ascensores, en su momento eran de los más rápidos de Madrid y producía un ambiente de modernidad y de sorpresa el silencio y la rapidez que acompañaban el espíritu del edificio, pisando sobre una "goma pirelli" de botoncitos.

Mueble principal de la portería de Torres Blancas. Actual.

EL REMATE DE LA TORRE

Hemos visto cómo Oíza ha dispuesto la parte final de la torre en un juego compositivo de "naturaleza muerta" con el cuadro formado con los diversos elementos en estudio en esas fechas. Cobra particular importancia la maqueta de las Escuelas de Batán aunque debemos tener en cuenta las propuestas de Oíza para los concursos del Pabellón de España en Nueva York y el de la Ópera de Madrid.

Desde el punto de vista funcional la torre finaliza con una entreplanta técnica, otra planta dedicada a Comedor, una más de usos mixtos para la constructora Huarte y la planta de terraza superior con piscina. Es un conjunto que hace de transición estructural entre las bandejas de las terrazas y el fuste de la torre, y a la vez resuelve aspectos fundamentales funcionales y simbólicos.

Terraza de la piscina. Protección visual hacia el paisaje lejano.

Propuesta de Oíza para el Concurso del Pabellón de España en la Feria de Nueva York. 1963

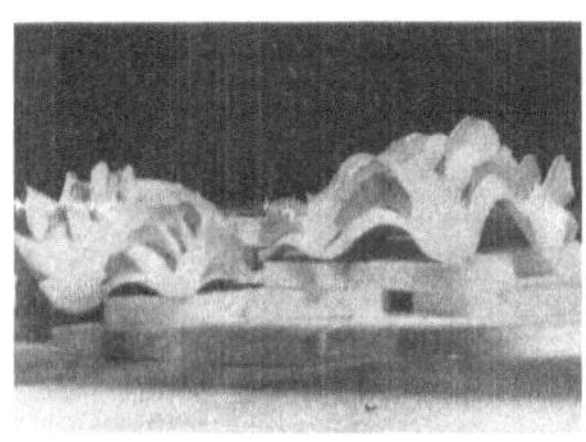

Modelo de Oíza para el Concurso del Palacio de la Opera de Madrid. 1963

Fragmento superior de la Torre.

ENTREPLANTA TÉCNICA

Sobre la planta 21 de pequeños apartamentos Sáenz de Oíza proyecta una planta de baja altura para instalaciones ventilada en todas las direcciones. No ha tenido la denominación de planta 22, que corresponderá al comedor y de hecho no hay acceso por los ascensores. Se montarán aquí unos extractores que ayudaban a la ventilación de cocinas y aseos; también se distribuyeron los cuartos eléctricos y de contadores. Además en la adaptación o finalización del Comedor se realizaron unos pequeños aseos y vestuarios debajo de las cocinas del restaurante con acceso por una estrecha escalera. Esta entreplanta es complementaria del grueso importante de las instalaciones del sótano.

Con el paso del tiempo el sistema de ventilación dejó de ser eficaz, en gran medida debido a las obras de los vecinos que retiraron el monta-platos, reutilizando ese espacio y procedieron de forma análoga con conductos de ventilación interrumpiéndolos.

COMEDOR

Constituye una pieza bastante elaborada en su momento por Oíza. El proceso complejo de construcción de la torre hace que el esquema inicial de "ciudad-jardín" vaya evolucionando y poniéndose en crisis. Por ello constituye el espacio construido en fechas más tardías, junto al diseño del pórtico semicircular de entrada, en plástico naranja.Toda la planta 22 estaba dedicada al uso de comedor, con los servicios de cocina, almacén y montacargas necesarios. El desembarco se realizaba mediante los dos ascensores principales y coincidía en el uso con el acceso esporádico a la piscina de los vecinos de la comunidad. En uno de los espacios de entrada un largo mural del pintor Sistiaga revestía el fondo curvo de una de las paredes.

Sáenz de Oíza había hecho una crítica en una intervención pública muy conocida en donde cuestionaba cómo la planta libre generaba la paradoja de un techo plano constante. Encontramos pues a Oíza enfrentado aquí al dilema de cómo desarrollar un programa, con el que casi no pensaba en los inicios, entre dos forjados bastante próximos. La construcción de ese mundo soñado de techo ondulante y amplias vistas colaborará formalmente al diseño del espacio que además mejorará acusticamente. Hay algo aquí del espíritu del diseño de los techos del portal enlazando de esta manera los espacios de contacto con el suelo y la desaparición como fondo en el cielo.

RESIDENCIA DE LA COMPAÑÍA HUARTE

Sobre la planta de comedores se desarrolló un programa con bastantes medios económicos. Se trataba de un programa de salas de reuniones y habitaciones para altos cargos de la empresa constructora. La sede principal de Huarte S.A. estaba radicada en Pamplona disponiendo en Madrid de unas oficinas en el edificio de la Avenida del Generalísimo en cuyos bajos proyectó Sáenz de Oíza la tienda H Muebles. En Torres Blancas se realizaron unas salas de reuniones de precioso mobiliario y cuidadas puertas de paso. Además unas habitaciones permitían a los directivos de Pamplona dormir en sus desplazamientos a Madrid.

Sala de reuniones diseñada por Oíza. Sillas de casa Knoll, Saarinen, escogidas por el propio arquitecto.

Se corresponde con la planta 23 y los ascensores acceden directamente a este nivel; por cuestiones de seguridad hoy tiene el acceso controlado. Recuerda en cierto modo a los ascensores del edificio Girasol de Coderch en Madrid, cuyo desembarco directo en los vestíbulos de los pisos ha generado diversos conflictos. Desde las terrazas cuidadas de este nivel dibujaba el pintor Antonio López su cuadro de la Avenida de América.

PISCINA

La piscina se sitúa en las terrazas del edificio en la coronación superior y constituye un fabuloso lugar con vistas panorámicas sobre la

Vista de Madrid desde la Avenida de América por el pintor Antonio López desde la terraza del piso de Huarte.

Interior del apartamento de los directivos de la compañía ADA en planta 23.

Escalera de acceso a piscina y al apartamento de planta 23, sede antigua de Huarte.

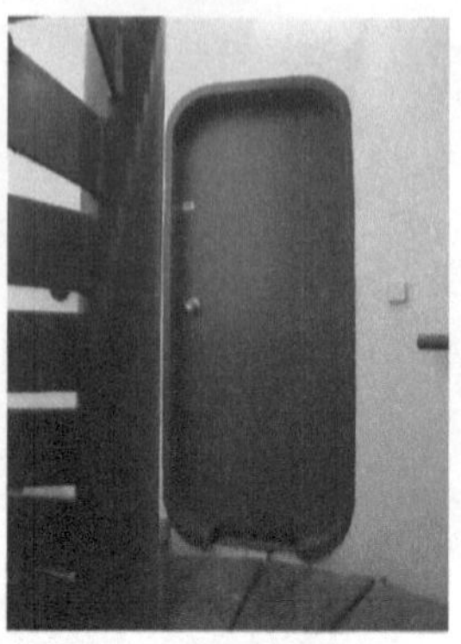

Puerta de acceso a planta 23 de sede de Huarte.

Desembarco de escalera en el nivel de piscina.

Terraza de la piscina. Maquinaria de ascensor de servicio y escalera hexagonal de acceso de mantenimiento

Chimeneas y cuerpo de maquinaria de los tres ascensores en la terraza de la piscina.

Maquinaria de los dos ascensores principales sobre la piscina.

Vestuarios de la piscina, anteriormente
un *mueble de madera barnizado*.

Remates de antepechos de jardineras
de las terrazas de la piscina.

ciudad de Madrid. Mientras que la forma en que inicia la escalera en
planta baja esta muy cuidada no ocurre lo mismo en su final. Así desde
la planta 22 la escalera atraviesa la entreplanta técnica y finaliza con
bastante oscuridad en el vestíbulo de la planta de Comedor. Se realizó
una puerta cuidada hoy desmejorada por intervenciones de mejora.
Pero arranca como una pieza oscura. No obstante el acceso habitual a
la piscina se realiza en ascensores con lo cual no es un problema funcional sino una crítica metafórica.

Del vestíbulo de la planta de comedor debemos acceder a una escalera de aspecto más provisional pero más interesante en su sencillez.
De tipo caracol, con peldaños de madera sobre bastidor naranja rojo
atravisa la puerta de barco de la zona de Huarte de la planta 23. Una
claraboya de iluminación proporciona luz y bastante calor al acceso a
las terrazas y a la piscina.

Destacan en la planta de la piscina la solución formal de los espacios
de instalaciones. En particular hay tres grandes formas dedicadas
a la maquinaria de los dos ascensores principales y del montacargas. Junto a ellos una escalera de acceso a dicha maquinaria queda

envuelta en hexágonos de nostalgias wrightianas. Una gran envoltura metálica en tonos marrones, deseando ser madera, proporciona unidad a todo el conjunto. Un mueble usoniano constituye el espacio de vestuarios. Todo el espacio tiene además una gran sintonía final con el ámbito exterior de las Escuelas de Batán.

Se crea entre todos los elementos diferentes posibilidades visuales, espaciales y con el juego del color azul del agua. La altura libre de la piscina es de aproximadamente 1,65 metros de forma que en una persona de pié sobresale únicamente la cabeza. Destaca también la gran chimenea de instalaciones. El vaso de la piscina levantado está apoyado sobre la estructura de la planta de remate. Durante muchos años tuvo un suelo de tablones de madera y pequeñas escaleras de peldaños también de madera conectan con el nivel inferior de terraza, las grandes plataformas circulares.Toda la terraza lleva un acabado de lamas envolviendo los niveles superiores de la torre.

ALGUNOS COMENTARIOS SOBRE LA CASA

Un mundo más wrightiano remata las terrazas de la piscina. Los modestos vestuarios curvos, con atmósfera usoniana, las plataformas de los diferentes niveles, las escaleras exagonales metálicas, las torres de maquinarias de los ascensores, la forma libre de la piscina, los cerramientos metálicos de los bordes de terraza... hacen de este mirador sobre la ciudad la expresión de un mundo personal soñado sobre la pradera madrileña tras el viaje de Oíza a Estados Unidos.

Han pasado más de cuarenta largos años desde la construcción del edificio. Torres Blancas se mantiene con la fuerza inicial a la que el paso del tiempo ha añadido cierta carga enigmática. En las circunstancias de estricto mantenimiento del edificio han surgido ligeras pero perceptibles modificaciones. Así todos los vestíbulos y la escalera principal estaban revestidos de un acabado de polvo de mármol. Estaba muy bien realizado y se producía un brillo bonito de microscópicos paralelepípedos marmóleos. Con el paso del tiempo ennegreció haciendose imposible su limpieza. Actualmente figura una pintura encima con unos brillos de una calidad muy baja.

Vista desde la planta primera llegando de la escalera principal de un tramo.

Vestíbulo interior iluminado por el vidrio paves de la grieta de la escalera de incendios.

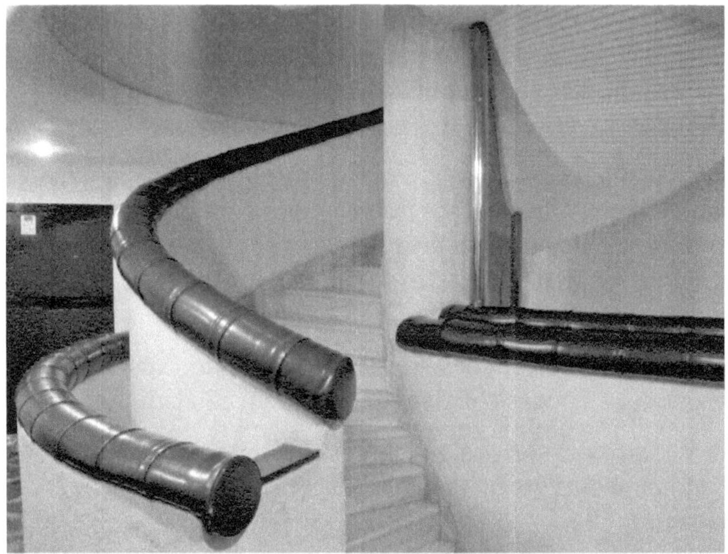

Desembarco de la escalera de caracol de la torre en la planta primera. Esta escalera se produce desde la planta 1 a la planta 22.

El ascensor original tenía un suelo de goma pirelli roja cercano al mundo inglés de James Stirling y Archigram. Hoy una piedra suntuosa lo sustituye con buena intención y dudoso acierto. El techo de estos ascensores tenía unas luminarias ocultas tras un alabastro de sensación marmórea; ha sido sustituido por plástico. La botonera era de botones. Como se ha comentado cada piso venía marcado por una botoncito ex profeso-normal-pero interesante y de la época. Hoy es de acero inoxidable brillante convencional.

Las casas no eran fáciles de vender. Los primeros vecinos eran gente joven con dinero y coches bastante bonitos. Recuerdo un Lancia Fulvia, un Rover Vitesse Coupé de ocho cilindros, un Lotus Elise blanco magnolia, muchos modelos americanos de gran cilindrada (Ford Mustang, Chevrolet Impala, algún Dodge...), un Citroen DS Masserattti (fue un modelo de corta tirada), un Opel GT amarillo plátano de hermosas curvas... Quizá los vehículos más modestos eran los "familiares" de Sáenz de Oíza, SEAT 1500 familiar, un Jeep (Jose Luis Arana –compañero de la cátedra en la ETSAM– decía que "eso era un tractor")... Todos los vehículos sufrían la llegada habitual de uno de los vecinos de gran afición por bebidas escocesas de gran octanaje también. Varios pilotos y azafatas residian en el edificio debido a la proximidad al aeropuerto de Barajas, así como militares americanos de la Base Aérea de Torrejón de Ardoz (pilotos, profesoras de la base...). El eficaz portero era Fermín, cuya vivienda está en la planta inferior del edificio.

En la casa se vivía bien. El triturador de comidas de la cocina era una aportación de asombro a los amigos quinceañeros, así como las numerosas placas eléctricas empotradas en las encimeras de gresite verde. El montaplatos de la cocina proporcionaba un toque galáctico a la España de los sesenta.

Las grandes puertas de corredera separaban los distintos ambientes del dúplex y la chimenea francesa señalaba el lugar pensado para "estar".

En el jardín proyectores industriales fabulosos iluminaron la torre escenográficamente durante un lapso muy breve siendo reemplazados por ridículas lamparitas.

Las enredaderas habían cubierto en gran parte la torre. Oíza comentaba que para él supondría un éxito si encontrase hormigas en la terraza

Conjunto plegado de puertas de
ingreso a varios apartamentos.
Suelo de lajas de pizarra.

de la piscina, cosa que llegó a suceder. Una reciente limpieza de la
fachada ha eliminado esta vegetación.

Tras el desembarco del ascensor en cualquier planta nos encontramos
en una pieza de ingreso hoy más bien oscura. A lo largo de los años
se ha cambiado el tipo de iluminación y color de las lámparas. Recuerdo cómo preocupaba a Oiza el tema de la "temperatura de color "en
la iluminación. También Fullaondo nos hablaba de cómo la ausencia
de sombras en un edificio de oficinas de L. Kahn había creado una
extraña sensación en los empleados que dio lugar a la intervención del
comité de empresa. Oiza divagaba tambien en el BBV sobre la temperatura de color para la calidad de la lectura y sobre cómo podía afectar
el color de la lámpara al rostro de una mujer maquillada. En cualquier

caso resulta oscura la entrada a la casa; el suelo es de pizarra gris y absorbe luz. Se contrasta con el gresite blanco que envuelve suavemente los bloques de ascensores. Un gran pasamanos de cuero rojo de la escalera acompaña este espacio.

Las puertas de los diferentes apartamentos quedan unidas como una cartulina plegada pintadas al duco en un color berenjena rojizo. Forman un sistema, un paño que confunde las zonas opacas con la zona de paso y que únicamente se diferencian por el número de apartamento en bronce indicando la entrada y la puerta. Sobre ellas el pulsador del timbre se marca en negro.

La botonera del ascensor tenía unas tiras cilíndricas en cuero, haciendo juego con el gran pasamanos. Una mejora de los ascensores se ha llevado por delante todo ello. Niemeyer habla en una entrevista reciente de "la falta de respeto por el trabajo del arquitecto", y muy despreocupadamente pasaba al grueso insulto personal al agresor, sintiéndose absolutamente afrentado por la agresión a su trabajo y su persona. Muy combativamente y sin miedo a perderlo todo, muy a la manera de Sáenz de Oíza.

En el exterior de las terrazas unas pequeñas persianas de madera de teca encierran el recinto mejorando la profundidad de la casa y el espesor de la fachada. Están montadas encima del peto de hormigón al que interiormente se anclan las jardineras con tubos metálicos de sujeción. Este sistema permite el doble juego de impedir la visión hacia abajo desde la terraza, eliminando así la sensación de vértigo y hace de este espacio un ámbito o habitación exterior que abriga y separa interior y exterior: una pieza de umbral metafórica. A Oíza le gustaba contar cómo en la carpintería de Torres Blancas toda la madera de teca procedía del desguace de un antiguo barco. Coincide como sabemos con Walter Gropius quien realiza la casa Sommerfeld en madera de teca que disponía del naufragio de un antiguo barco de guerra. El pavimento es de pizarra como expresión del deseo de estar en el jardín exterior de una casa en el campo.

Las carpinterías de madera en las zonas de terrazas bajan hasta el suelo y cuidados herrajes permiten su funcionamiento. En las ventanas de otras zonas comunes de la casa que no están en fachada de terraza la carpintería es colocada alta impidiendo la visión y con un extraño y bonito conjunto de tirador y apertura de procedencia nórdica. De un tacto agradable, es de un peculiar accionamiento. Los herrajes de las ventanas de las piezas de servicio son en cambio un artesanal mecanismo que permite desde quitar por entero la hoja fácilmente hasta disponer ésta en varias posiciones de apertura distinta.

Las puertas de paso están acabadas en pintura lacada de color berenjena así como las grandes puertas de corredera y la entrada principal. En los pequeños dormitorios, los armarios no llegan hasta el techo, con objeto de no disminuir el tamaño de la habitación.

El suelo, de madera de haya, está rematado con un extraño rodapié enterizo que recorre la casa. Los techos de escayola se curvan hacia el forjado en su encuentro con la fachada, haciendo suaves formas.

RESUMEN FINAL

Torre Velasca (1958). Milán. Studio BBPR.

Torre Pirelli (1956-1961). Milán. Gio Ponti y Antonio Fornaroli.

Las "intuiciones y revelaciones últimas" sólo le vienen a quien está metido en el trabajo y no sale nada de él, creo yo, y a quien lo piensa desde lejos ningún poder recibe sobre él.[23]

R. M. Rilke

En el Congreso de los CIAM de Septiembre de 1959 en Otterlo se produce un vuelco liderado por los jóvenes agrupados en las siglas TEAM X. Sabemos que entre otros estaban: Aldo Van Eyck, Coderch, Gardella y Vico Magistreti, Ernesto Rogers, L. Kahn, Fernando Távora, Kenzo Tange, y Luis Miquel. Las reuniones se celebraban en el Museo Kröller-Müller de Henry van de Velde. Allí la propuesta de la Torre Velasca, como esencia de lo milanés, suscitó una gran polémica y Peter Smithson la atacó fieramente calificándola de "formalismo" y "revival historicista".

[23] Cartas sobre Cezanne. R. M. Rilke. Paidós Estética. 2da. edición. Barcelona 1992. pg 16.

En este momento también Oíza pone en crisis las ideas de la primera y segunda generación comenzando una nueva etapa.

Oiza ha recorrido en poco tiempo el camino de los primeros años de vivienda en clave funcionalista para dibujar viviendas de fuerte carácter expresionista en Torres Blancas. En el camino ha tenido que desprenderse de la formación académica recibida poniéndose a prueba con la construcción del Santuario de Aránzazu. De tal manera que habiendo iniciado el concurso en una modernidad teñida de medievalismo y cierto neoclasicismo de sus profesores, recurre a ciertos aspectos de la arquitectura de Domenicus Böhm para encontrarse con la arquitectura moderna italiana y alemana.

Como miembro de la tercera generación surge la contradicción de confiar en cierto aspecto de lo vernáculo y lo escultórico de la nueva arquitectura para acercar esta al ciudadano contemporáneo. La primera generación con sus abstractos principios estéticos no logra encontrar un producto industrial de los medios de producción en serie para las masas de la sociedad de consumo. Hay una separación enorme entre el individuo y las propuestas arquitectónicas racionalistas. Tampoco esta será una tarea fácil para las generaciones siguientes. Así aunque los arquitectos de la tercera generación reciben un gran apoyo mediático sufren serias dificultades como Utzon en la ópera de Sydney, por ejemplo.

Las propuestas de Fuencarral y Entrevías en Madrid siguen un esquema planimétrico sobre una cuadrícula abstracta; es el juego de casillas blancas y casillas negras desplazándose, deslizando, girando. Pero en Alcudia las posibilidades se ven más claras en los planteamientos del conjunto proyectado que en uno de los bloques construidos. Se ha planteado una adición espacial en vertical y en unidades tridimensionales con las que se puede manipular el espacio. Torres Blancas es la síntesis de los apartamentos de Alcudia, que incluían las dimensiones mínimas de los Poblados Dirigidos, del hotel como espacio público y de las tiendas de ocio comprimidos en una unidad y que expandirá en una estructura que denominará "ciudad-jardín". El arquitecto desarrolla una macla a la manera de las esculturas de Berrocal, injertando piezas espaciales para conformar un ser único. La Ciudad Blanca había supuesto convertir el mundo abstracto de los poblados dirigidos de la vivienda mínima, de un cierto Breuer y Gropius, de un mundo más germánico, de la Bauhaus, a un mundo más mediterráneo, con un Le Corbusier acompañando esta arquitectura del ocio.

Oíza, por tanto, tras la construcción del modelo canónico de la modernidad en Entrevías cuestiona la abtracción realizada. Por eso en el mismo barrio propone la Capilla del Padre Llanos, de atmósfera wrightiana. Está también muy presente el mundo de Italia y entre otros muchos habría que citar la la línea de trabajo de Luigi Moretti, cuya primera influencia en la obra de Oíza sería en el proyecto de la Capilla y más en el papel de editor de la Revista Spazio. De la observación de la fotografía que presenta Oíza, realizada por él, en el ejemplar de "currículum", entregado para la oposición a Catedrático de la Escuela de Arquitectura de Madrid, hemos percibido una manera común de mirar.

En Torres Blancas surge ya el Oíza que indagará en la intuición como complemento de la razón a la que había estado sujeto en exclusividad en la etapa de las viviendas sociales. El mundo racional de la L de la planta de las casas Kingo en Elsinore (1956-60) de Utzon se asemeja y transmite parecidos o resuena en la planta de Torres Blancas. Se aprecia en ambos extremos de la L de las casas danesas; uno de ellos aumenta su tamaño y el otro vuela. También se manifiesta en la masa vegetal a modo de terraza delante de las piezas de cocina-comedor que recuerda a las terrazas circulares de Torres Blancas en los extremos y a la terraza-galería delante de los dormitorios pequeños en las viviendas dúplex. Este diseño más libre se evidencia mejor en la planta baja del museo de Silkeborg. Así las pantallas en L y las aperturas entrando y saliendo de la zona acristalada recuerdan a Torres Blancas.Vemos también en Silkeborg detalles como la escalera en alguna forma circular que enlaza mundos de Le Corbusier y de Wright y con el árbol que es Torres Blancas.

Sáenz de Oíza vivió también un período en el que convivían una variedad de oficios, muy amplia, y con una mano de obra económica. Existía una voluntad conjunta de "hacer "y el coste o la mano de obra no eran un obstáculo. En un período de reconstrucción largo tras la guerra civil y apoyados en el desarrollismo de la España de los sesenta dibujar era un acto de construir. Sáenz de Oíza está educado y preparado para hacer planos a ritmo de vértigo, inventándose ideas que se llevan a cabo.

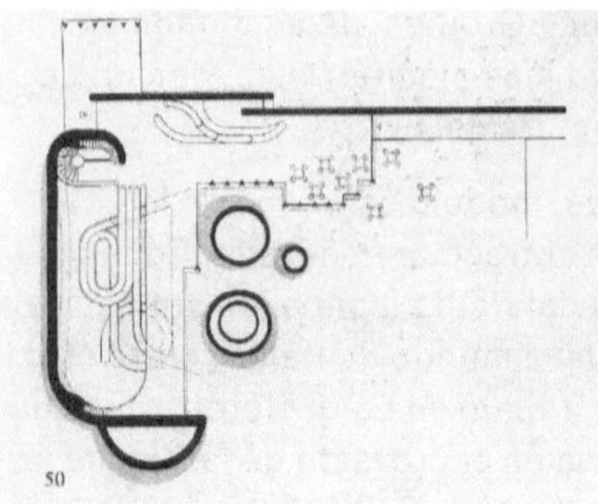

Planta Museo de Silkeborg (1965).
Jorn Utzon.

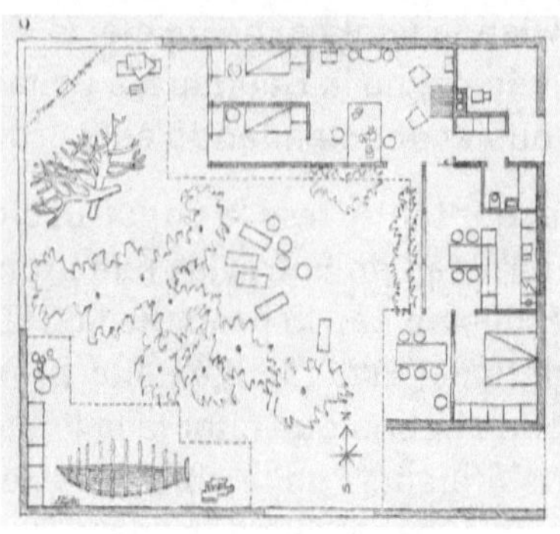

Planta prototipo casas Kingo en
Elsinore (1956-1960). Jorn Utzon.

Terraza realizada con encofrado de
aristas rectas tipo Wright. Vidrio-
paves de cocina en apartamento de
planta 21.

Terraza con remate de hormigón con
cierto *plasticismo* de base en el espíritu
Le Corbusier. Cambio conceptual de torre
apreciable desde las primeras plantas.

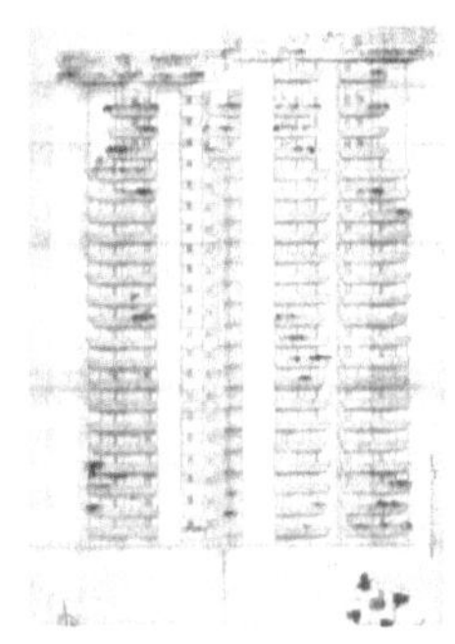

Alzado de espíritu wrightiano presentado en el visado al Colegio de Arquitectos.

Castillo de Villarejo de Salvanés.

B. Terraza del Castillo de Nantes. Francia.

He hablado numerosas veces del cambio que podemos apreciar en Torres Blancas, en las primeras terrazas del nacimiento de la torre. He comentado que es efectivamente un problema constructivo y técnico derivado de las dificultades del encofrado de madera para hacer una curva de hormigón en modo relativamente económico. Pero sobre ello, un enorme problema constructivo, subyace un cambio conceptual que lleva a Oíza a llevar en paralelo la visión americana y admirar las formas blandas de Le Corbusier de hormigón, llevadas luego al límite por Oscar Niemeyer. Así Oíza dibujará dos alzados de Torres Blancas, una más wrightiano y otro más arbóreo que Wright, y que curiosamente resuena a aspectos de Le Corbusier.

A la vez se mezcla la historia a través de sus profesores Modesto López Otero y Leopoldo Torres Balbás, por quienes Oíza tenía una profunda admiración. Por eso Oíza junto a las cien mil torres que llevan los vientos de la historia, percibe la de Villarejo de Salvanés,[24] en la carretera de Valencia, por la que pasaba en coche o moto en sus viajes a Mallorca. Y no sólo esta torre sino otras muchas que veremos en

[24] A cincuenta kilómetros de Madrid, por la A-3. Torre formada por ocho torreones agrupados. Fotografía de diario ABC y Canal de Isabel II.

otra ocasión y que eran el fundamento del viaje con Torres Balbás por
los pueblos de Castilla, de joven estudiante en la Escuela de Arquitectura de Madrid. Oíza actuá como su admirado, y tambіén por noso-
tros, Le Corbusier en la mirada de la historia. Así por ejemplo, cuánto
puede recordar la terraza de un castillo como puede ser el Nantes a las
propuestas de la cubierta de las Unidades de Habitación de las que Le
Corbusier construye una en los alrededores de esta capital francesa.
O también habla Oíza de cómo surge el hecho de jardín hundido de la
torre. En este aspecto Oíza comentaba cómo de joven había trabajado
en el despacho de Aníbal Gonzalez quien reformaba dependencias del
Palacio de Liria en la calle Princesa de Madrid. Dado que el Duque de
Alba residía en Londres, su arquitecto principal había sido sir Edward
Luthyens quien prepara los cambios en el edificio tras su parcial
destrucción en la guerra civil, sin poder finalizar los trabajos. Pero lo
que contaba Oíza no era esta interesante circunstancia sino ver que
trabajan en una esquina. Lo relacionaba con la construcción de sus
viviendas sociales de Fuencarral, Entrevías y Batán. En ellos, dibujaba
unas preciosas praderas de puntos, briznas de hierba, delante de cada
ficha-casa racionalista. Un jardín de pretensiones centroeuropeas era
parte de una casa que se dibujaba en axonometría egipcia fundiendo
arquitectura y naturaleza. Hoy día las ampliaciones de las carreteras
circundantes han devorado en gran medida los jardines, y vehículos
pasan al ras del ladrillo. Oíza vendría decir:

> ¡Qué joven era y qué poco aprendí en Liria! Lo primero que debe hacer
> un arquitecto con la arquitectura es defender la propiedad. En Liria
> hay que defender la Arquitectura en la esquina de la calle para que
> no puedan invadir el terreno personal. No lo he sabido aplicar en las
> viviendas sociales. ¡Ahora en Torres Blancas, defenderé ese castillo
> con una plataforma hundida, hundida tras murallas de hormigón, que
> la ciudad no pueda atacar!

Este castillo como hemos visto tiene una sección desconcertante, en
su versión para el Colegio de Arquitectos. En su construcción vemos
que recoge ideas que se manejaban en habitaciones de los castillos,
como los dibujos de L. Kahn en los castillos franceses del congreso de
los CIAM. Así una sección que se entra por arriba, por abajo, a nivel
o como uno quiera, se maneja por Alison y Peter Smithson en Robin
Hood Gardens o por J. L. Sert en Peabody Terrace, y los propios

Foso de arranque de la torre como
defensa conceptual y encuentro
con la Tierra.

Candilis, Josic y Woods, construían secciones que evolucionaban
ideas de Le Corbusier y que hemos visto en la Ciudad Blanca de Alcudia.

Hemos hablado de Wright y debemos citar a Bruno Morassutti, quien
trabajó de joven en ambos talleres Taliesin con el maestro americano,
así como de su socio Angelo Mangiarotti. Supone para Oíza, el contacto personal del mundo italiano con el maestro americano, fundamentado
en la misión evangelizadora de Bruno Zevi. Traté con Morassutti tanto en
Milán como en Madrid, en donde le acompañamos a visitar entre otros
edificios Torres Blancas. Lógicamente en la visita a la Torre, que me
confirmó no conocía, Bruno Morassutti[25] se mostraba entusiasmado.

[25] De Febrero a Mayo 2011, desarrollamos Carmen Diez Medina y yo mismo, en Madrid la
exposición que sobre la obra de Bruno había realizado Giulio Barazetta, quien ya andaba
estudiando la rehabilitación de la preciosa Capilla de Angelo Mangiarotti y Bruno Morassutti en Baranzate, a día de hoy recientemente finalizada. Ello dio lugar a que impartiera
una serie de conferencias en el COAM y en la Facultad de Arquitectura del CEU, y posteriormente he preparado y leído otras conferencias en Gerona, Barcelona, y finalmente
participado en la clausura de dicha exposición en Novedrate (Milán). Todo ello gracias a
la labor de Giulio Barazetta y Carmen Diez Medina.

Bruno Morassutti y Giulio Barazetta en la visita que realizamos a Torres Blancas. F. Bucci al fondo.

Modelo de viviendas en San Siro (1956), Milán, de Morassutti y Angelo Mangiarotti.

Efectivamente las coincidencias con el espíritu de la época de Bruno, con los trabajos de Jorn Utzon, con las ideas de Wright, eran un eco de su vivencia personal que le embargaba. A mí, por otra parte, todo ello me refería a una de las Revistas más citadas por Oíza como era la Revista italiana Zodiac, y en particular el número 5.

Siendo todo ello de gran interés no podemos olvidar el proyecto de Juan Carlos Guerra, arquitecto, tío de la esposa de Oíza, Maria Felisa Guerra. Juan Carlos figuraba en la lista de los arquitectos inscritos al concurso de Aránzazu y había realizado unas interesantes viviendas en San Sebastián de las que nuestro padre hacía comentarios elogiosos en los viajes a San Sebastián. Me refiero al bloque desarrollado entre 1934 y 1936, y contemplado a conservar en los archivos del Docomomo ibérico.[26] En alguna ocasión he comentado como de alguna manera la iglesia de Aránzazu me recuerda en cierto sentido al dolmen de Eguilaz, al borde de la carretera, cerca de Vitoria, y que nos llamaba siempre la atención en esos viajes a San Sebastián.

Desde luego tampoco están tan lejos algunos aspectos del proyecto de Juan Carlos Guerra y Bruno con Angelo, salvando lógicamente las distancias. Juan Carlos Guerra había realizado el Acuario de San

[26] Bloque en la calle Gloria esquina Gran Vía en San Sebastián.

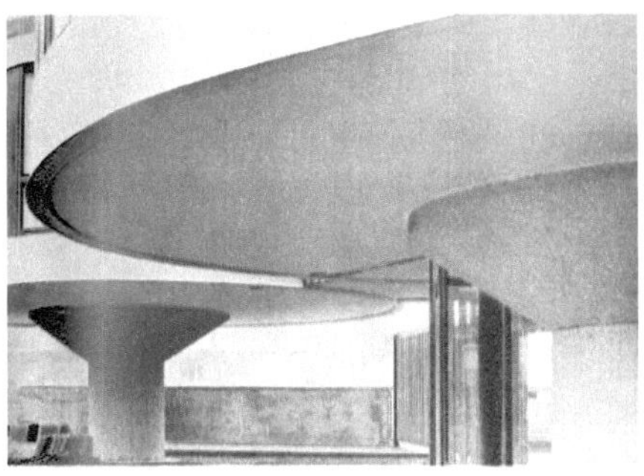

Ingreso en las viviendas en Via
Gavirate(1959-1962) de Milán. Morassutti
y Mangiarotti.

Viviendas en hormigón armado
(1934-1936) de Juan Carlos Guerra,
en San Sebastián.

Sebastián,[27] en un lenguaje también entre Novecento italiano y Liberty. Pero poco después hace este precioso conjunto de viviendas que Oíza admiraba.

Recientemente se ha celebrado el sesenta aniversario de la apertura e inauguración de la Basílica de Aránzazu, en Oñate (Guipuzcoa). Se trata de un precioso "frontón incaico en medio del camino", como decía Jorge Oteiza. Es una obra artesanal, hecha a mano, a golpe de canteros. Oíza plantea en su finalización la Capilla del Camino de Santiago, ya la otra cara de la moneda, tecnología e industria.

Podemos ver la simultaneidad de trabajo en Oíza en el debate de su pensamiento entre monumento y máquina, en la Basílica de Aránzazu y la Capilla de Santiago. Pero Oíza, esta tensión entre opuestos la vuelve a proponer en Torres Blancas, artesanal, y el Banco de Bilbao, de los Tiempos. Y podremos pensar de nuevo en Morassutti y Mangiarotti, dos caras de otra de las múltiples monedas. También Bruno

---

[27] Recuerdo que el Acuario de Milán de la Exposición de 1906 había sido el primero en Europa y tuvo su influencia en la primera década en el Norte de España.

Morassutti que trabaja para Wright, luego deriva hacia Rafael Soriano y cierto Mies van der Rohe. En el propio edificio de Torres Blancas podemos ver a Mies, como ya se ha comentado en otro momento de esta publicación. Lo puse de manifiesto cuando pensaba en el texto de la Capilla de Santiago:

"En ese juego que hace Oíza, de sumar un conjunto de miradas y transformarlos bajo un criterio personal, hay algo del rascacielos de vidrio de 1922, de Mies van der Rohe, que aun siendo totalmente antagónico, recuerda a Torres Blancas. Así sucede en los dibujos de alzado de ese edificio que hace Mies para la revista G en la portada de 1924."[28]

Y si una de las espinas del árbol de Torres Blancas pudiera ser el edificio de Via Gavirate, entre esa conformación de genomas, otra pudiera ser la propuesta de Mangiarotti, que a su vez tiene que ver con el concurso de la Peugeot, en donde Oíza trabaja con Ramón Molezún y José Antonio Corrales. Sobre este importante concurso en Buenos Aires, 1963, debemos ver la estrecha relación de ideas de Morassutti-Mangiarotti, la pareja Molezún y Corrales y el propio Oíza. Al coronar Torres Blancas, tras una década el joven arquitecto es ya otro y el lenguaje de los últimos detalles es diferente al de los inicios. En el Banco de Bilbao, ganar altura, coronar rápidamente, será así un objetivo vertebrador de la Torre. Entreplantas industriales, insertadas en mundos de encofrados deslizantes de hormigón. Dos ritmos de industrias distintas trabajando en modo de cierta compatibilidad. Debate amplio inserto en otros, que mantendrá, aunque ya con menos claridad en todos sus proyectos, particularmente institucionales de su última década. La Historia como fundamento de la construcción del hombre como Poeta mirando siempre al Futuro, Partenón sobre Partenón, será el el Arca de Noé de la información total que navega en banda ancha por el devenir. Coincide aquí con las ideas de las oficinas en Majano (1978) de Angelo Mangiarotti, que estaban en esa atmósfera de la Peugeot de Molezún y Corrales y del espíritu de la época que señalaba también un complejo L. Kahn.

[28] *Un mito moderno. Una Capilla en el Camino de Santiago. Sáenz de Oíza, Oteiza y Romaní, 1954.* Javier Sáenz Guerra. Fundación Museo Oteiza. Alzuza. 2007. Pg 105.

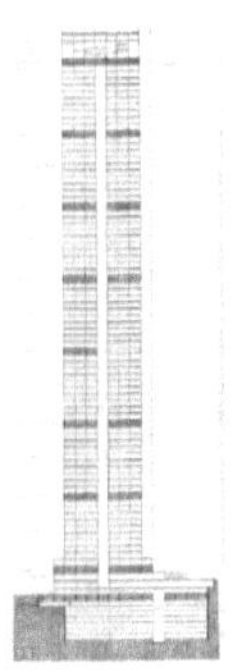 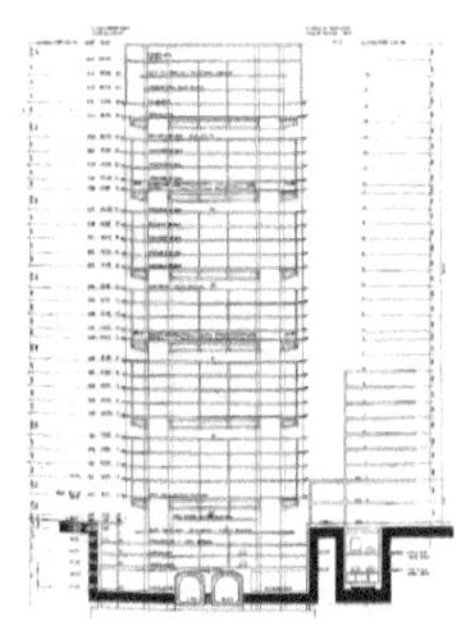 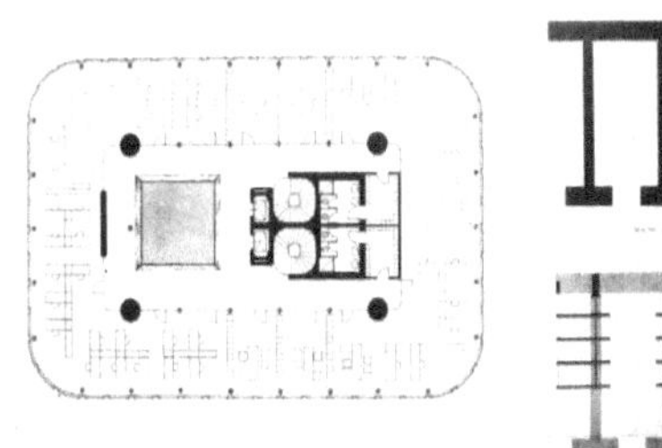

Torre Peugeot
(1963) en Buenos
Aires. Propuesta
de concurso de
Vazquez Molezún
y J. A, Corrales.

Sección del Banco de
Bilbao (1971-1978) de
Sáenz de Oíza.

Planta y sección de oficinas en Majano
(1978). Angelo Mangiarotti.

Esta superposición de capas, Oíza hablaba mucho del palimpsesto, substrato de la historia, era por tanto manejada con gran naturalidad por Sáenz de Oíza. Por eso no tiene reparo en fotografiarse frente a la mesa del portero del edificio Torres Blancas, de gran base en Scarpa que a su vez proviene de Wright, quien a su vez mira a Sullivan y el Art Nouveau, relacionado con su derivación Liberty, y un infinito etrcétera. Es así que se acerca en Torres Blancas a la desaparición del autor. Por eso he comentado la aparente y clara contradicción entre un Oíza que sueña y habla siempre del deseo personal de la desaparición del autor en el diseño del edificio. Defiende apasionadamente uno de sus objetos preferidos, la bicicleta, como canon industrial de la desaparición del autor. Habitualmente planteo, por tanto, que el Banco de Bilbao del paseo de la Castellana, es la expresión máxima de Oíza, de la cita de Joyce, que usaba cada mañana, del anonimato de la obra, obra de la época. En contraposición, Torres Blancas en primera instancia es un edificio artesanal, en donde siempre he sostenido que el autor está muy presente. Oíza mencionaba siempre Torres Blancas como su mejor edificio. Creo que presentado hoy aquí sugiere un camino distinto, y en cierto modo logrado, de la desaparición del autor, en esta torre que contiene todas las torres.

 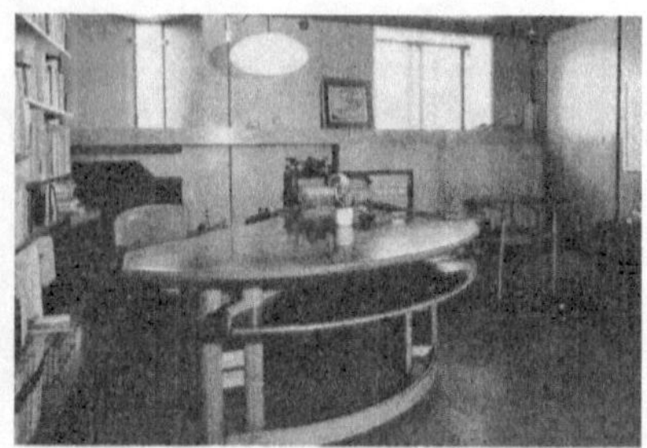

Sáenz de Oíza en el interior del portal de Torres Blancas.

Mesa de Carlo Scarpa.

Mesa de F. Ll. Wright para la S.C. Johnson Building(1936) y Research Tower(1944).

Es quizá interesante fijarse en el remate de la torre y en su evolución. Muy probablemente Oíza va cambiando a lo largo de la obra este elemento dado el tiempo transcurrido entre el arranque de la Torre y la realización de las últimas plantas. Saénz de Oíza no considera nunca

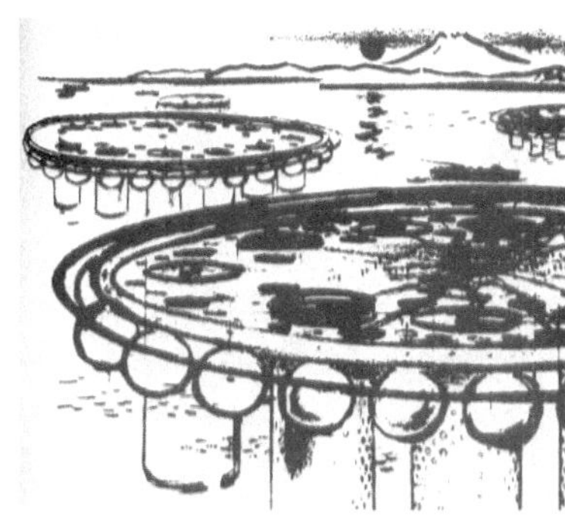

Islas artificiales propuestas por
Kikutake (1962).

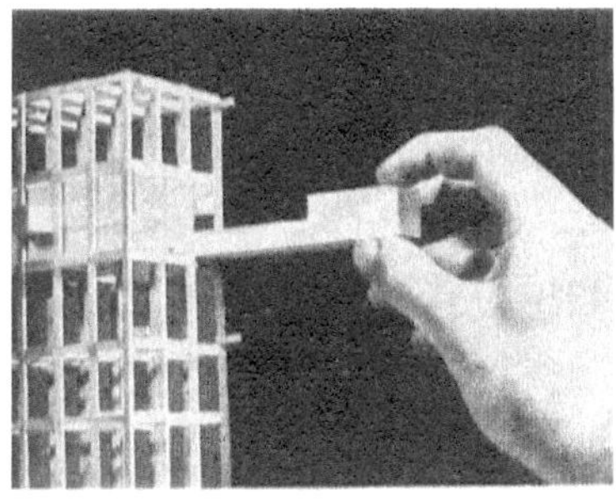

Industrialización de la vivienda por la
mano de Le Corbusier.

Paul Rudolph. Proyecto para el Boston
Government Service Center. 1964.

Terraza del nivel 23, antigua sede de Huarte, vista desde la planta del nivel de piscina.

Terraza de la piscina. Actual. En origen el suelo era de madera barnizada.

un proyecto finalizado y constituye la obra un proceso de transformación. Por eso la imagen de los anillos flotadores de las islas artificiales de Kikutake en 1962 coinciden de alguna manera formalmente en ese espíritu soñador y visionario un poco a lo Julio Verne del remate de los comedores de la torre.

Si la mano soñada de Le Corbusier depositaba las casas sobre la trama tridimensional de pilares y losas, Oíza soñaba con un mundo de losas en el espacio en el que cada persona diseñase su casa de la pradera, como un pájaro en la ciudad jardín vertical.

Simultáneamente Moshe Safdie (Israel 1938) proponía el método "plug-in" que retomaría Peter Cook en Archigram IV (1964). Así Van Eyck, Habraken, Archigram, Stirling, Moshe Safdie, Utzon... se añadirán a la obra como compañeros de esa enorme herencia arquitectónica difícil de gestionar.

Pero junto a las propuestas como miembro de la tercera generación Sáenz de Oíza hizo suya muchas veces esta exposición de su profesor Modesto López Otero,[29] en el año 1960, poco antes de su fallecimiento:

"Creo, por el contrario, que la Arquitectura, como obra eterna del espíritu humano, sólo se salvaría con la tendencia hacia lo lírico. Si los problemas de la vida social futura quedan plenamente satisfechos por los inmensos recursos de la industria del porvenir; si en el orden fisiológico, en lo económico, en lo social de la colectividad, todo queda satisfactoriamente resuelto, en plenitud del problema real, sólo un ideal poético presidiendo el instante creador puede dar a la arquitectura, como ámbito de la vida humana, el consuelo, el alimento espiritual que tanta técnica y tanta ciencia, tanta estadística y tanta organización social parecen restar al hombre a medida que avanza en el futuro. Ya lo dijo nuestra Santa Teresa: 'Sin poesía, la vida no sería tolerable, aun para los contemplativos'".

En los últimos años de su vida Sáenz de Oíza comenzaba a sufrir un leve Parkinson. Con objeto de mantener la destreza en los dedos de la mano se dedicó a teclear con una vieja máquina de escribir una breve

---

[29] El viaje de la utopía. Pablo Campos Calvo-Sotelo. Editorial Complutense. 2002. pg 292.

selección de textos poéticos que le habían acompañado insistente-
mente en su trayectoria. De tal manera que si había viajado a Estados
Unidos siguiendo el consejo de Don Modesto López Otero también
compartía las rutas por los campos de la poesía.

Ya he comentado, y es bueno insistir, en el bloque de viviendas junto
al río Manzanares en Madrid y cómo Sáenz de Oíza parte de una idea
que compara con Le Corbusier. Pero no lo hace como afán de discí-
pulo o continuador. De hecho dibuja una especie de cruz tachando la
solución de Le Corbusier. Con otros arquitectos, desde la antigüedad
o coetáneos suyos Sáenz de Oíza trabaja admirando la Arquitectura
de cada uno, aprendiendo y disfrutando. Pero siempre persiste un afán
de superación, un deseo íntimo y profundo de encontrar una veta más,
una línea de investigación más. Y en esa lucha queda al margen el lenguaje personal. Puede que efectivamente en esa ambición de la poesía,
de la "desaparición del autor", lo haya conseguido sólo parcialmente.
Porque al fin y al cabo todos sus edificios quedan impregnados de una
suerte de "terribilitá" muy personal. Sáenz de Oíza afronta la construcción de Torres Blancas como la propuesta de un coloso, de un torso de
"David", pieza escultórica de bulto, que se rodea .Y piensa en la planta
como generadora de la fuerza exterior, como matriz del volumen.

En cierta manera su carrera tiene un sesgo parecido a la de Jorge Oteiza. Con gran éxito de joven, con gran influencia en muchos discípulos
y con quizá menos reconocimiento internacional del que merecieron,
aunque fue bastante. La gran apertura que mostraba Sáenz de Oíza
hacia los estudiantes más jóvenes le había granjeado un gran aprecio
entre ellos y Oíza luchaba por mantener siempre esa conexión.

Si Wright creó una gran escuela o Alberto Cruz en Chile un amplio
cenáculo, Sáenz de Oíza era un tremendo individualista y competitivo,
aunque tenía un fuerte magnetismo profético. Junto a ello, de alguna
manera acababa expulsando de su lado a quienes más le apreciaban
pero que a la vez querían ser también sus máximos rivales. Esa capaci-
dad de generar tanto admiración profunda como rivalidad infinita fue
la característica clave que le obstaculizó de alguna manera una trayectoria más internacional.

En la participación en los concursos de ideas Sáenz de Oíza se con-
vertía en un director o jefe de equipo a la altura de su tarea. Sabía

interpretar en profundidad y con inmediatez los principales problemas planteados y además enseguida percibía como podía abordarlos con la mejor posibilidad ganadora. Rodeaba el problema como un felino a su presa, dando vueltas y vueltas con ahinco y animando a los colaboradores en la tarea de reducir el problema a lo esencial. Estaba entrenado para competir consigo mismo.Y eso es lo que realiza en Torres Blancas. Una lucha consigo mismo. Y contra Wright, Le Corbusier, Jorn Utzon, Moretti... y con todos ellos al lado a la vez, juntos.

"Así, cada descubridor se destaca poco a poco en una tercera aproximación: el soldado brutal, el guerrero magnánimo, el apóstol de Cristo, el del progreso, el curioso por las montañas, el que siente curiosidad por los hombres, por las mariposas, el que cuenta los rebaños, el que pesa la seda. Su vida se enriquece con adjetivos. Ahora resultan hombres mejor que imágenes".[30]

André Leroi-Gourhan

Cometa, agosto 1911. Fotografía
de J. Henri Lartigue.

[30] Los descubridores célebres. André Leroi-Gourhan. GG. Barcelona 1964. pg 16.

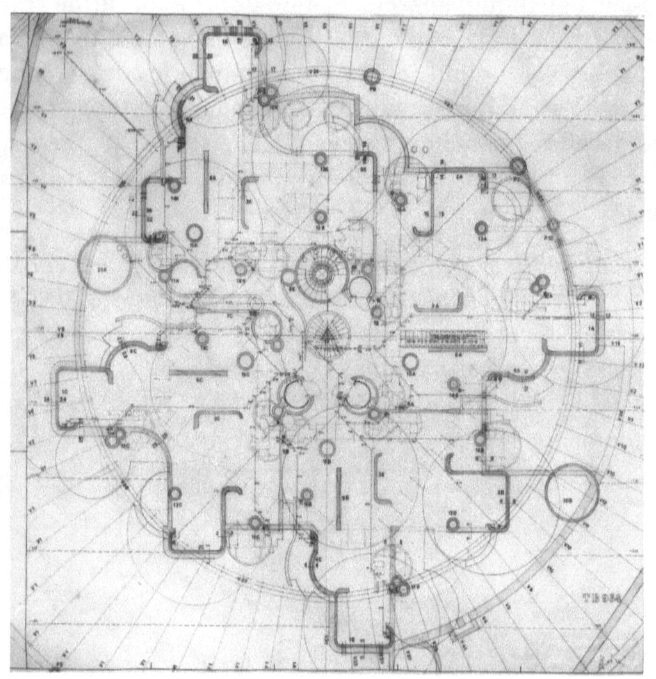

Planta general de la torre. Fechado 30 diciembre 1964.

El arquitecto Sáenz de Oíza.

Terrazas de la piscina de Torres Blancas.